पंच परमेश्वर

तथा अन्य नाटक

प्रेमचन्द की कहानियों के नाट्य-रूपान्तर

स्थापित 1912
100 वर्षों की श्रेष्ठ प्रकाशन परम्परा
राजपाल

₹ 150

ISBN : 9788170288879

PANCH PARMESHWAR TATHA ANYA NATAK
(Dramatic adaptation of Premchand's Stories)
by Chitra Mudgal
मुद्रक : वैभव प्रोडक्ट्स, दिल्ली

राजपाल एण्ड सन्ज़
1590, मदरसा रोड, कश्मीरी गेट, दिल्ली-110006
फोन : 011-23869812, 23865483, 23867791
website : www.rajpalpublishing.com
e-mail : sales@rajpalpublishing.com
www.facebook.com/rajpalandsons

पंच परमेश्वर

तथा अन्य नाटक

प्रेमचन्द की कहानियों के नाट्य-रूपान्तर

नाट्य-रूपान्तर
चित्रा मुद्गल

राजपाल

अनुक्रम

घासवाली

स्थान : गाँव से बाहर खेत, भुलिया का घर, शहर जानेवाली सड़क, कचहरी का प्रांगण, चैन सिंह का घर

पात्र

चैन सिंह : गाँव के बिगड़े हुए ठाकुर, भुलिया के सम्पर्क में आकर हृदय-परिवर्तन (35 वर्ष)

महावीर : सीधा-सादा निम्न वर्ग का युवक, भुलिया का पति (30 वर्ष)

भुलिया : निम्न वर्ग की सुन्दर श्रमशील स्त्री। स्वाभिमान से पूर्ण (25 वर्ष)

भुलिया की सास : पारम्परिक सास (55 वर्ष)

फतुआ : मेहनती मजूर (25 वर्ष)

धनुआ : मेहनती मजूर (30 वर्ष)

हल्कू : मेहनती मजूर (25 वर्ष)

कोचवान : कोचवान की भूमिका फतुआ निभा लेगा (40 वर्ष)

बूढ़ी काकी : मजूरिन (60 वर्ष)

वकील : धनुआ की भूमिका करनेवाला स्वर बदलकर (50 वर्ष)

पानवाला : रसिक पानवाला (40 वर्ष)

1

(गाँव से बाहर खेत में)

चैन सिंह : *(क्रोध से)* क्यों बे धनुआ, मस्ती कर रहा है? अभी तो खेत का एक चौथाई काम भी पूरा नहीं हुआ, टाँगें पसार लगे सुस्ताने?

हराम की खाने की आदत जो पड़ गई है! मजूरी काटो तो बिलबिलाने लगते हैं, सरकार रहम करें। इतने में तो एक जून की गुज़र नहीं होगी। क्यों? गलत कह रहा हूँ मैं?

धनुआ : *(हाथ जोड़ आँखें झुकाए हुए)* क्षमा करें मालिक! फावड़ा उठाते करिहाँव में लोच चढ़ गई, सो तनिक कमर सीधी करने लगे...

चैन सिंह : *(दाँत किटकिटाकर)* चोप्प, मक्कर करने की ज़रूरत नहीं। तेरी शक्ल बड़ी चुगलखोर है। सब उगल देती है। उठ, फावड़ा उठा...और तू फतुआ! मुझे देखते ही बीड़ी फेंक ढेले कूटने लगा?

फतुआ : न, नहीं मालिक!

चैन सिंह : अच्छा! तो वो पड़ी सुलगती बीड़ी उठा और तनिक बुझा दे। जल्दी में फेंकते वक़्त बुझाना भूल गया होगा। क्यों?

फतुआ : म, माफ कर दो मालिक! फिर कभी ऐसी गलती न होगी।

चैन सिंह : गलती न होगी? होगी, सौ बार होगी। *(कमर पर लात मारता है)* हुँह, ले, ले गलती का प्रसाद!

(दूसरे मजूर फावड़ा चलाने लगते हैं)

फतुआ : *(चीख़ता है)* आ ऽऽऽ मर गए मालिक, दया करो, कमर

टूट गई SSSS रेSS

चैन सिंह : मेहनत नहीं होती तो मजूरी माँगने काहे आ मरता है मेरे पाँव पर? पैसा बरसता है आसमान से?

(खच्च, खच्च फावड़ा चलने की आवाज़ें)

फतुआ : न, नहीं मालिक *(सिसकी भरता है)*

चैन सिंह : *(चेतावनी देते हुए)* जा रहा हूँ, साँझ तक जुटे रहो सब। बीच में कभी भी आ सकता हूँ, और किसी को भी मैंने काम छोड़ सुस्ताते पाया तो याद रखो, खाल खींच भूसा भर दूँगा। ये पिल्खू, फावड़ा चला, भकुआ-सा मेरी ओर काहे ताक रहा?

सब साआ SSS *(आवाज़ भींच लेता है)* कामचोर हैं, अरिया न लगे तो हिलक के न दें।

(चैन सिंह के जाते ही सारे मज़दूर इकट्ठे हो फिर हँसी-ठट्ठे में लग उसके जल्लादपने की बुराई कर अपना असंतोष व्यक्त करते हैं।)

फतुआ : *(गुस्से से)* जल्लाद ने हुमक कर जो लात लगाई है करिहाँव *(कमर)* पे, मन तो हुआ, उलट उसके जड़ दे, पर...

धनुआ : हमारा बस चले तो फतुआ, मिट्टी का तेल उँड़ेल इसके महल-अटारी को तीली दिखा दें! मानुख *(मनुष्य)* को मानुख नहीं समझता, जिनावर समझता है!

हल्कू : का करोगे, पेट भरना है तो चैन सिंह जैसे राक्षस की गुलामी करनी ही पड़ेगी। चलो आओ, चिल्म सुलगाव तनिक! इतनी जल्दी नहीं पलटने वाला राक्षस!

(सब हाँ-हाँ हल्कुआ ठीक कह रहा भैया, छोड़ो फावड़ा-खुरपी। सब हँसते हैं–'पहली चिल्म ससुरे फतुआ को पकड़ाओ, उसे सेंक जो चाहिए।')

(संगीत)

(दृश्यान्तर)

2

(सुबह। गाँव से बाहर खेतों में भुलिया घास छीलने गई है। खुरपी चलती है तो उसके हाथों की चूड़ियाँ खनकती हैं)

भुलिया : *(घास छीलते हुए भुलिया लोकगीत गा रही है)* गोरी चली रे नैहरवा बलम सिसकी दै-दै रोवैं, बागन में रोवैं, बगइचा में रोवैं, *(दोहराव)* देहरी पे सिर दैं मारै बलम सिसकी दै-दै रोवैं...

(गीत की ताल के साथ-साथ भुलिया की चूड़ियाँ भी खनक रही हैं। सहसा किसी की आहट पा उसकी नज़र सामने उठती है)

(स्वतः चौंककर) अरे! ये तो चैन सिंह चला आ रहा, औरतों को घेरनेवाला! गनीमत इसी में है चट-पट झाबा उठाऊँ और भाग लूँ! सुना है ये घाघ फब्तियाँ नहीं कसता, सीधे दबोचता है। *(झाबा उठाने की ध्वनि और भागने की पद्‌चाप)* भागूँ।

चैन सिंह : *(लपककर भुलिया की कलाई धर लेता है)* कहाँ भाग रही है भुलिया?

(हाथ छुड़ाने की कोशिश में चूड़ियों की खनक)

भुलिया : *(क्रोध से)* मेरा हाथ छोड़ो मालिक!

चैन सिंह : *(लार टपकाते हुए)* तुझे क्या मुझ पर ज़रा भी दया नहीं आती भुलिया?

भुलिया : मैंने कहा मेरा हाथ छोड़ो मालिक? नहीं तो मैं चिल्लाऊँगी?

चैन सिंह : *(धूर्तता से)* इतना अभिमान! तेरे पति महावीर में ऐसे क्या सुर्खाब के पर लगे हैं? ऐसा गबरू जवान भी तो नहीं, जाने तू कैसे रहती है उसके साथ!

भुलिया : *(हाथ छुड़ाने की कोशिश कर)* महावीर जैसा भी है, मेरा पति है।

चैन सिंह : हाँ, हाँ तेरा पति है, पर कभी-कभी मुझ पर भी तो दया...

भुलिया : *(बात काटकर)* मैं फिर कह रही, मेरा हाथ छोड़ दीजिए

मालिक?

चैन सिंह : नहीं छोड़ता? छोड़ने के लिए नहीं पकड़ा है?

भुलिया : *(चिल्लाती है)* अरे कोई सुनता है...

चैन सिंह : *(डरकर)* अच्छा, ठीक है, ठीक है, जाओ।

(भुलिया घास का झाबा लेकर दौड़ती है)

भुलिया : *(हाँफते हुए अवरुद्ध कंठ से)* हिम्मत देखो चैन सिंह की! अगर हम इतने ग़रीब न होते, तो किसी की मजाल थी जो इस तरह हमारा अपमान करता? *(दाँत तरेरकर)* महावीर को बता दूँ, तो इस ठाकुर चैन सिंह के खून का प्यासा हो जाएगा। फिर न जाने क्या हो!

(संगीत–कोई लोकधुन)

(दृश्यान्तर)

3

(भुलिया का घर। सास उसे घास छीलने न जाने के लिए डाँट रही है।)

भुलिया की सास : *(त्यौरियाँ चढ़ा)* क्यों दुलहिन, सब तो घास छीलने गईं। तू अब तक नहीं गई?

भुलिया : *(सिर झुकाए हुए)* मैं अकेली नहीं जाऊँगी।

सास : *(बिगड़कर)* अकेले क्या तुझे बाघ उठा ले जाएगा?

भुलिया : सब मुझे छेड़ते हैं।

सास : *(उबलकर)* न तू औरों के साथ जाएगी, न अकेली जाएगी, तो फिर जाएगी कैसे? साफ़-साफ़ क्यों नहीं कहती कि मैं घास छीलने नहीं जाऊँगी?

भुलिया : ये बात नहीं अम्मा...

सास : सास तेरी अम्मा बन गई होती तो तू उसका कहा टालती? सुन, यहाँ मेरे घर में रानी बनके निबाह न होगा। हमें चाम नहीं प्यारा, काम प्यारा है।

भुलिया : अम्मा...

सास : क्या अम्मा, हाँअ? तू बड़ी सुन्दर है तो तेरी सुन्दरता को लेकर चाटूँ? उठा झाबा, खुरपी और घास छील कर ला!

(बाहर से घोड़े के हिनहिनाने का स्वर, महावीर घोड़े को मल रहा है)

महावीर : अरे ओ भुलिया, आज घास लाने बहुत देर से जा रही? तबीयत तो ठीक है तेरी? अरे, तेरी आँखें काहे डबडबाई हुई हैं? क्या हुआ भुलिया?

भुलिया : कुछ नहीं।

महावीर : *(चिन्तित हो)* कैसे कुछ नहीं, कुछ तो है। बोल न! बताती क्यों नहीं? किसी ने कुछ कहा? अम्मा ने डाँटा?

भुलिया : नहीं।

महावीर : तो फिर इतनी उदास क्यों है? कल साँझ से ही तुझे कुछ उखड़ा-उखड़ा देख रहा हूँ।

भुलिया : कोई बात हो तो बताऊँ न! जाने दे मुझे। आँख का क्या, आँख में कुछ पड़ गया होगा।

महावीर : *(निःश्वास भरकर)* क्या करूँ भुलिया! मेरे ऊसर बंजर जीवन में तू गुलाब बनकर आई है। हम गरीबों के घर तेरी जैसी सुन्दर स्त्री आ जाए, तो ऊँचे महलों में खलबली मच जाती है!

भुलिया : *(नाक सुड़ककर)* बस, बस, तेरा घोड़ा न बिदक जाए!

महावीर : हाँ, भुलिया, इस घोड़े की ही तो चिन्ता है! *(घोड़े की पीठ को थपथपाता है। घोड़ा हिनहिनाता है)* मेरा बस चलता तो तुझे आँखों में छिपा लेता, पर घोड़े का भी तो पेट भरना ज़रूरी है। घास मोल लेकर खिलाएँ तो बारह आने रोज़ से कम न पड़ेगी। *(लज्जित-सा)* कहने को कमाता हूँ, मगर मज़दूरी ही कितनी मिलती है? मुश्किल से डेढ़-दो रुपए। जब से ये सत्यानाशी लारियाँ चलने लगी हैं न भुलिया, हम इक्केवालों की तो जैसे

बधिया ही बैठ गई। *(निःश्वास भरकर)* ऊपर से महाजन का कर्ज़! न मन हो तो रहने दे, देखी जाएगी।

भुलिया : *(परेशान होकर)* नहीं, मैं जाती हूँ। घोड़ा खाएगा क्या! जाना ही होगा।

(संगीत–कोई लोकधुन)

(दृश्यान्तर)

4

(खुरपी से घास छीलने की, 'खच्च, 'खच्च' के साथ चूड़ियों की खनक, दूर खेत में पुर चलने की आवाज़)

भुलिया : *(प्रसन्न हो स्वतः)* यहाँ इतनी हरी-हरी घास! इतनी गझिन! आधा घण्टे में तो मेरा झाबा भर जाएगा। किसी सूखे मैदान में दोपहरी तक छिलाई करती रहूँगी, तब भी झाबा खाली छूट जाएगा! पता नहीं यह किसके खेत की मेड़ है? जिसकी भी हो यहीं बैठकर छील लूँगी।

(अचानक किसी के चमरौधे की चर्रमर्र होती है)

(चौंकन्नी होकर) चैन सिंह! हे मैय्या!

चैन सिंह : डर मत, डर मत! भगवान जानता है। मैं तुझसे कुछ न बोलूँगा। जितनी घास चाहे छील ले। मेरा ही खेत है।

(भुलिया के हाथ ठिठके रह जाते हैं)

छीलती क्यों नहीं? हाथ क्यों रोक लिए? मैं तुझसे कुछ कहूँगा थोड़े ही। बल्कि यहीं रोज़ चली आया कर। बदले में मैं छील दूँगा।

भूला, तू मुझसे इतना डरती क्यों है? क्या तू समझती है, मैं आज भी तुझे सताने आया हूँ! ईश्वर जानता है, कल भी तुझे सताने के लिए मैंने तेरा हाथ नहीं पकड़ा था। तुझे देखकर आप ही आप हाथ बढ़ गए। कुछ सुध ही नहीं रही। तू चली गई भूला, तो मैं वहीं बैठकर घंटों

रोता रहा। जी में आता था, अपना हाथ काट डालूँ। कभी लगता था, ज़हर खा लूँ। विश्वास कर भूला, तभी से मैं तुझे ढूँढ़ रहा हूँ!

भुलिया : *(स्वतः)* कितना नाटक कर रहा है!

चैन सिंह : आज तू इस रास्ते चली आई? मैं सारा हार *(खेतों का इलाक़ा)* छानता हुआ यहाँ आया हूँ। मैं तेरे सामने हूँ। अब जो सज़ा तेरे जी में आए, दे दे। तू सिर भी काट लेगी तो मैं चूँ न करूँगा। भूला, मानता हूँ, मैं शोहदा था। लुच्चा था। पर जब से तुझे देखा है, मेरे मन की सारी खोट मिट गई। बड़ा भाग्यवान है महावीर, जो ऐसी देवी जैसी पत्नी उसे मिली।

भुलिया : *(रूखे स्वर में)* तो तुम मुझसे क्या चाहते हो?

चैन सिंह : तेरी दया।

भुलिया : तुमसे एक बात कहूँ? बुरा तो न मानोगे?

चैन सिंह : न मानूँगा!

भुलिया : तुम्हारा विवाह हो गया?

चैन सिंह : *(दबी ज़बान से)* ब्याह तो हो गया; लेकिन ब्याह क्या है, खिलवाड़ है।

भुलिया : फिर भी, अगर मेरा पति तुम्हारी औरत से इसी तरह बातें करता, तो तुम्हें कैसा लगता? तुम उसकी गर्दन काटने को तैयार हो जाते कि नहीं? बोलो? महावीर गरीब है, तो उसकी देह में लट्टू नहीं है? उसकी मान-मर्यादा नहीं है? रंग-रूप तुम्हें भाता है। क्या घाट के किनारे मुझसे कहीं अधिक़ सुन्दर औरतें नहीं घूमा करतीं? मैं उनके तलुवों की बराबरी भी नहीं कर सकती। तुम उनमें से किसी से क्यों नहीं दया माँगते? मुझसे दया माँगते हो! इसलिए न कि मैं ग़रीब हूँ?

चैन सिंह : नहीं भूलिया, यह बात नहीं है!

भुलिया : यही बात है। गरीब की औरत ज़रा-सी घुड़की-धमकी या ज़रा-सी लालच में फँसकर तुम्हारी मुट्ठी में आ जाएगी।

कितना सस्ता सौदा है। ठाकुर हो न, ऐसा सस्ता सौदा भला क्यों छोड़ने लगे?

चैन सिंह : *(लज्जित होकर)* मैं सच कहता हूँ; इसमें ऊँच-नीच, अमीर ग़रीब की बात नहीं है। सब आदमी बराबर हैं। मैं तेरे चरणों में सिर रखने को तैयार हूँ।

भुलिया : *(क्षुब्ध होकर)* इसलिए न कि जानते हो मैं कुछ नहीं कर सकती? जाकर किसी उच्च कुल की औरत के चरणों में सिर रखो, तो मालूम हो जाएगा कि चरणों पर सिर रखने का क्या फल मिलता है। यह सिर, तुम्हारी गर्दन पर न रहेगा।

चैन सिंह : मुझे ग़लत मत समझ भुलिया! मैं अब वैसा नहीं हूँ।

भुलिया : *(बात काटकर)* तुम जैसे भी हो, अपने घर में रहो। मेरा पति कभी किसी दूसरी मेहरिया की ओर आँख उठाकर भी नहीं देखता। संजोग की बात है। मैं तनिक सुन्दर हूँ। अगर मैं काली-कलूटी भी होती, तब भी वह मुझे इसी तरह रखता। मुझे विश्वास है। तुम मेरे रूप के दीवाने हो न? आज मुझे माता निकल आए, मैं कानी हो जाऊँ, तो तुम मेरी ओर ताकोगे भी नहीं। बोलो, झूठ कहती हूँ?

चैन सिंह : *(आत्मग्लानि से)* ठीक ही कहती हो भुलिया!

भुलिया : लेकिन मेरी एक नहीं, दोनों आँखें फूट जाएँ, तब भी वह मुझे इसी तरह रखेगा। मुझे उठाएगा, बिठाएगा, खिलाएगा। और तुम चाहते हो मैं ऐसे आदमी के साथ कपट करूँ? जाओ, अब मुझे कभी न छेड़ना, वरना अच्छा न होगा!

(संगीत–कोई लोकधुन)

(दृश्यान्तर)

5

(खेतों में पुर चल रहा है। नालियों में पानी बहने की ध्वनि)

चैन सिंह : *(स्वतः)* पुर चल रहा है मगर क्यारियों में तो पानी जा ही नहीं रहा है? सूखी पड़ी हुई हैं? ओ ऽऽऽ इधर की नाली कटी हुई है। बूढ़ी काकी को बिठाया था देखभाल के लिए, सो लगता है उनका ध्यान ही नहीं? हुँअ, पहले पानी बचाऊँ, नाली बाँधना होगा। *(बैठकर मिट्टी थोपते हैं 'छप', 'छप', 'छप',)*

अब ठीक है। *(कल-कल, पानी की ध्वनि)* बूढ़ी काकी को ढूँढ़ूँ। वोऽऽ वहाँ बैठी है! *(पानी की कल-कल)* अरे काकी तू यहाँ बैठी हुई है और उधर, सारा पानी क्यारियों में न जाकर बाहर...बहा जा रहा था?

बूढ़ी काकी : *(घबराकर)* अ, अभी खुल गई होगी नाली मालिक! कुछ देर पहले, मैं देख आई थी मालिक! गलती हो गई। छिमा कर दो। अब आगे से ऐसी भूल न होगी! न होगी।

चैन सिंह : तू, इतनी घबड़ा क्यों रही है काकी? नाली मैंने बाँध दी।

बूढ़ी काकी : तुमने खुद बाँध दी नाली?

चैन सिंह : हाँअ, बाँध दी। अच्छा यह बताओ। तुम्हारे बुढ़ऊ कई दिन से नहीं दिखाई दिए। कहीं काम पर जाते हैं या नहीं?

बूढ़ी काकी : *(गद्‌गद हो)* आजकल तो खाली ही बैठे हैं मालिक! कहीं काम नहीं लगता।

चैन सिंह : *(नम्र भाव से)* तो हमारे यहाँ लगा दे। थोड़ा शासन *(जूट)* रखा है। उसे आकर काट दिया करे।

बूढ़ी काकी : जुग-जुग जिओ मालिक!

(कंठ अवरुद्ध हो आता है)

(संगीत—कोई लोकधुन)

(दृश्यान्तर)

6

(चैन सिंह को खेतों पर आता देख मजूरों में बदहवासी)

फतुआ : *(घबराकर)* ओ रे धनुआ! उधर देख, मालिक चले आ रहे हैं।

धनुआ : *(परेशान होकर)* अब तो मुसीबत हो गई फतुआ! मालिक पूछेंगे, और दो मजूर कहाँ गए तो क्या जवाब देंगे? बोल दें, बेर तोड़ने गए हैं तो समझो आज की मजूरी गई। उनके साथ-साथ हमें भी गाली सुननी पड़ेगी?

फतुआ : जाने कहाँ से राक्षस फट पड़ता है!

(चमरौधे की चर्रमर्र पास आती है)

धनुआ : *(मुँह पर ऊँगली रख)* सीऽऽ चुप, मालिक आ गए।

फतुआ : *(मन ही मन)* जय, जय, जय हनुमान गोसांईं, कृपा करो..

धनुआ : प्रणाम मालिक!

चैन सिंह : *(नम्र स्वर में)* प्रणाम! बुधना और हल्कू दिखाई नहीं पड़ रहे धनुआ?

धनुआ : *(हकबकाबर)* जी, जी मालिक, वे लोग...

चैन सिंह : *(खुश होकर)* अरे! वे वे उधर से आ रहे हैं दोनों! हल्कू! बुधना! बढ़े आओ, बढ़े आओ। अरे ठिठक काहे रहे। आओ भाई। धनुआ, काम कैसा चल रहा है?

धनुआ : बराबर चल रहा है मालिक! *(मन ही मन)* आफत से उबारो देवी मैय्या!

चैन सिंह : *(हँसकर)* हल्कू, धोती में क्या छिपा रखा है तुम लोगों ने?

हल्कू : *(काँपते स्वर में)* ब, ब, बेर मालिक!

चैन सिंह : तो तुम लोग बेर तोड़ने गए थे? देखें? कैसे बेर हैं? लाओ ज़रा मुझे भी खिलाओ। कुएँवाले पेड़ के हैं? उसके बेर तो बड़े मीठे होते हैं!

हल्कू : लीजिए मालिक!

चैन सिंह : पके, पके बेर सब मैं लूँगा। ज़रा एक आदमी लपक कर घर से थोड़ा-सा नमक तो ले आओ!

हल्कू : नमक बुधना के पास है, पर आप तो मालिक...?

चैन सिंह : है तो निकालो, उसी में से मैं भी ले लूँगा थोड़ा। नमक में क्या है। आओ, तुम सब लोग भी बैठकर बेर खाओ।

(कचर, कचर बेर खाने की ध्वनि)

हल्कू : *(मन ही मन)* ये क्या गज़ब देख रहा हूँ मैं? किसी ने जादू-टोना कर दिया है का मालिक पर?

चैन सिंह : हल्कू, तुम बेर नहीं खा रहे? क्या सोच रहे हो?

हल्कू : ख, खा रहा हूँ मालिक! आज जान बकस दो मालिक! बड़ी भूख लगी थी। नहीं तो काम छोड़ के बेर खाने न जाते।

चैन सिंह : *(बेर खाते हुए नरमी से)* तो इसमें बुराई क्या है हल्कू? मैंने भी तो बेर खाए। एकाध घंटे का हरज हुआ, यही न? देखो, तुम लोग चाहोगे तो घंटे भर का काम, आधा घंटे में निपटा दोगे। न चाहोगे, तो दिन-भर में घंटे-भर का भी काम न होगा।

अच्छा, अब तुम लोग काम करो, मैं चलता हूँ।

(संगीत–कोई लोकधुन)

(दृश्यान्तर)

7

फतुआ : *(प्रसन्न होकर)* मालिक तो एकदम बदल गए?

हल्कू : समझ में नहीं आ रहा फतुआ, मालिक सचमुच बदल गए हैं या ये, भी उनकी कोई चाल है?

धनुआ : चाल होती तो वे हमारा नमक खाते? हमारे संग बैठ के बेर खाते? भ्रष्ट न हो गए होते? जब उन्होंने काम की ज़िम्मेवारी हमारे ऊपर छोड़ दी, तो हमारा भी धरम है, कोई कौर-कसर न उठा रखें। आदमी पहचाना।

फतुआ : मालिक, हमें मानुख समझे तो हमारा भी काम में मन लगता है धनुआ! हम भी जी लगा के काम करेंगे!

(संगीत–कोई मीठी लोकधुन)

(दृश्यान्तर)

8

(शहर जाने वाली सड़क। चैन सिंह कचहरी जा रहे हैं)

चैन सिंह : *(प्रसन्न मुद्रा में)* आज धूप बड़ी तेज़ है महावीर, सोचा तुम्हारे इक्के पर ही कचहरी जाऊँ। पाँच कोस का सफ़र है। अपने घोड़े पर जाता तो धूप खा जाता।

महावीर : बैठिए मालिक! सेवा का मौका दिया, हमें बड़ी खुशी हो रही है।

(इक्के पर बैठने का स्वर! इक्का चल पड़ता है। घोड़े की टापें तेज़ होने लगती हैं)

चैन सिंह : *(चिन्तित स्वर में)* तुम्हारे इक्के की गद्दी-वद्दी फट रही महावीर! घोड़ा भी इतना दुबला कभी न था। आजकल सवारियाँ कम हैं क्या?

महावीर : नहीं मालिक, सवारियाँ कम नहीं हैं, मगर लारी के सामने इक्के को कौन पूछता है? बड़ी विपत्ति में पड़ा हूँ। सोचता हूँ, इक्का-घोड़ा बेंच-बाँचकर आप लोगों की मजूरी कर लूँ। पर कोई ग्राहक नहीं लगता। ज्यादा नहीं तो बारह आना तो घोड़े को चाहिए, घास ऊपर से। अब अपना ही पेट नहीं भरता तो जानवर को कौन पूछे।

चैन सिंह : दो-चार बीघे की खेती क्यों नहीं कर लेते?

महावीर : खेती के लिए बड़ा पौरुख चाहिए मालिक!

चैन सिंह : तो गुज़र कैसे होती है?

महावीर : आजकल सास-पतोहू दोनों घास छीलती हैं, तब कहीं जाकर दो-चार पैसे नसीब होते हैं।

चैन सिंह : फिर तो बुढ़िया बाज़ार जाती होगी?

महावीर : नहीं मालिक! वह इतनी दूर कहाँ चल सकती है। घर वाली चली जाती है। दोपहर तक घास छीलती है। तीसरे प्रहर बाज़ार जाती है। वहाँ से घड़ी रात गए लौटती है। हलकान हो जाती है मालिक; मगर क्या करूँ, तकदीर से क्या जोर!

चैन सिंह : अच्छा महावीर, तुम मुझे कचहरी छोड़ देना और साँझ को पाँच बजे आकर ले लेना। तुम्हारे इक्के पर ही घर लौटेंगे।

महावीर : जैसी आज्ञा मालिक!

(संगीत–कोई लोकधुन)

(दृश्यान्तर)

9

(कचहरी के बाहर का शोरगुल! लोग आपस में बतियाते चले जा रहे हैं–'बदलू को आज ज़मानत मिल गई।')
'रमेश भाई, वकील महाजन का बाप होता है। उसकी पैसों की भूख कभी कम नहीं होती'–'मैंने सुना है, वसीयत नकली है?'

चैन सिंह : एक सादा पान लगाना, पानवाले!

(तभी भुलिया की आवाज़ कान में पड़ती है)

भुलिया : *(झाबा सिर पर रखे)* घास से लो घास, बाबू जी! बारह आने की झाबा भर। घास बाबू जी, घास ले लो घास बाबूजी!

चैन सिंह : *(चौंककर)* ये तो भुलिया की आवाज़ है?

कोचवान : *(चुटकी लेता है)* भुलिया रानी, घास तो अधिक से अधिक छह आने की है।

भुलिया : *(व्यंग्य से)* देखो कोचवान, छह आने पर लेना है तो वह सामने घसियारिनें बैठी हुई हैं, जाओ, दो-चार पैसे और कम में पा जाओगे, मेरी घास तो बारह आने में जाएगी।

कोचवान : *(इठलाकर)* तेरा ज़माना है भुलिया, बारह आने नहीं, एक रुपया माँग! लेने वाले झख मार के लेंगे। निकलने दे वकीलों को, अब देर थोड़े ही है।

(सभी हँसते हैं)

चैन सिंह : *(क्रोधित हो स्वतः)* मेरा वश चलता तो इन दुष्टों को पीट-पाटकर धर देता। सब के सब भुलिया पर कैसे भद्दे फ़िक़रे कस रहे हैं और मज़े ले रहे हैं? और भुलिया, क्या हो गया है भुलिया को? इनसे मुस्कुरा-मुस्कुरा के बातें कर रही है? क्या यह वही भुलिया है जो शेरनी की भाँति तड़प उठी थी?

(कचहरी का समय समाप्त होते ही लोगों के बाहर निकलने का कोलाहल—'कल फिर पेशी है?' 'मेरा मुवक्किल बीमार है, इतनी दूर नहीं आ सकता।')

(भुलिया एक फिटन पर चल रहे अंग्रेज वकील के पास झाबा लेकर दौड़ती है)

भुलिया : माई-बाप घास ले लो, ताज़ी हरी घास!

वकील : कितने पैसा!

भुलिया : जो दे दें साहब, पर हमने बारह आना सोचे हैं! *(इठ्लाती है)*

वकील : हम टुमको बारह आना देगा। *(पैसे गिनने की खनक)*

भुलिया : *(मुस्कुराकर)* भगवान आपका भला करें!

(फिटन चलने की ध्वनि! भुलिया भी गुनगुनाती घर के लिए निकल पड़ती है)

पानवाला : *(कटाक्ष से)* कहाँ खोए हैं ठाकुर साहब! इसकी दवा करो। यह बीमारी अच्छी नहीं।

चैन सिंह : *(विस्मय से)* कैसी बीमारी?

पानवाला : पूछते हो कैसी बीमारी? अरे आधे घंटे से यहाँ खड़े हो जैसे कोई मुर्दा खड़ा हो। कचहरी खाली हो गई। दुकानें

बन्द हो गईं। मेहतर तक *(झाड़ूवाले)* झाड़ू-बुहार के चल दिए। तुम्हें कुछ खबर हुई? यह बुरी बीमारी है ठाकुर साहब, जितनी जल्दी हो दवा कर डालो। वरना दिल के दौरे पड़ जाते हैं। हौअ!

(तभी सामने से घोड़े के टापों की ध्वनि आती है। महावीर पास आता है।)

(संगीत–कोई लोकधुन)

(दृश्यान्तर)

10

(चैन सिंह महावीर के इक्के पर घर लौट रहे है। घोड़े की टापों की ध्वनि)

चैन सिंह : *(शान्त स्वर में)* आज कितने पैसे कमाए महावीर?

महावीर : *(उदास हँसी हँसकर)* आज तो मालिक, दिन-भर खड़ा ही रह गया। किसी ने बेगार के लिए भी न पकड़ा। ऊपर से बैठे-ठाले चार पैसे की बीड़ी फूँक डाली।

चैन सिंह : *(विचार मग्न हो)* मेरी एक सलाह मानोगे महावीर?

महावीर : कहिए मालिक!

चैन सिंह : मैं जब भी बुलाऊँ, इक्का लेकर चले आया करो। बदले में तुम मुझसे रोज़ एक रुपया ले लिया करो। तब तो तुम्हारी घरवाली को घास बेचने बाज़ार न जाना पड़ेगा। क्यों? मंजूर है?

महावीर : *(भावुक होकर)* मालिक, आपकी परजा हूँ, जब मरज़ी हो बुलवा लीजिए। आपसे पैसा क्या लेना...

चैन सिंह : *(बात काटकर)* न, न महावीर, मैं तुमसे बेगार नहीं लेना चाहता। तुम मुझसे एक रुपया रोज़ ले जाया करो। पर घास लेकर घरवाली को बाज़ार मत भेजा करो। तुम्हारी आबरू मेरी आबरू है। और भी रुपये पैसों की जब भी ज़रूरत हो, बेखटके चले आओ।

एक बात और, हाँ भुलिया से इस बात की भूलकर भी चर्चा न करना। क्या फ़ायदा!

महावीर : जी मालिक, ध्यान रखूँगा!

(इक्के की आवाज़ दूर जाती है)

(संगीत—कोई मीठी लोकधुन)

(दृश्यान्तर)

11

(गाँव के बाहर खेतों के पास दूर से भुलिया के पुकारने की आवाज़)

भुलिया : *(हाँफती-सी पुकारती है)* सुनो ऽऽऽ सुनो तो ठाकुर साहब!

चैन सिंह : *(ठिठक कर स्वतः)* भुलिया! भुलिया क्यों दौड़ी चली आ रही है? *(प्रत्यक्ष)* क्या है भूला! क्यों दौड़ती हो? मैं तो खड़ा हूँ?

(हाँफते हुए पास आकर, क्षण-भर दोनों मौन रहते हैं)

भुलिया : *(हाँफते हुए)* कई दिन से तुमसे मिलना चाहती थी। आज तुम्हें आते देखा, तो दौड़ी। अब मैं घास बेचने नहीं जाती।

चैन सिंह : बहुत अच्छी बात है।

भुलिया : *(हाँफते हुए)* सच बताना, क्या तुमने कभी मुझे घास बेचते देखा था? बोलिए, चुप क्यों हैं?

चैन सिंह : क्या, महावीर ने तुझसे सब कह डाला? मैंने तो उसे मना कर दिया था तुझसे कहने को?

भुलिया : वह मुझसे कोई बात नहीं छिपाता।

चैन सिंह : अब मैं क्या कहूँ!

भुलिया : याद है, यहीं, इसी जगह तुमने मेरी बाँह पकड़ी थी!

चैन सिंह : *(लज्जित स्वर में)* उसे भूल जाओ भूला! तब मुझ पर न जाने कौन-सा भूत सवार था। तुमने मुझे बदलकर रख दिया।

भुलिया : *(विह्वल स्वर से)* उसे कैसे भूल जाऊँ? उसी बाँह की लाज

तो तुम निभा रहे हो! ग़रीब आदमी से जो चाहे करावे। पर तुमने, तुमने मुझे बचा लिया!

चैन सिंह : अब और लज्जित न करो भूला!

भुलिया : यह सत्य है। अच्छा, सूरज ढल रहा, अब मैं चलती हूँ!

(संगीत)

मंत्र

स्थान : मद्रास का एक खुला हुआ मैदान। (कहीं का भी हो सकता है) गाँव में बूढ़े बाबा का घर। सरकारी अस्पताल।

पात्र

पण्डित लीलाधर चौबे: विद्वान, धर्म के ज्ञाता, संवेदनशील (55 वर्ष)
बूढ़े बाबा : निम्न वर्ग के ग्रामीण। निश्छल (60 वर्ष)
किसना : 30 वर्ष
विशनू : 30 वर्ष
कम्पाउन्डर : स्वार्थी (35 वर्ष)
डॉक्टर : लालची, निर्दयी (35 वर्ष)
दुकानदार : 50 वर्ष
दुकानदार सेठ : दयालु (50 वर्ष)
ग्रामीण 1 : 51 वर्ष
ग्रामीण 2 : 35 वर्ष
समवेत : (सारे अभिनेता मिलकर)

1

(मद्रास का एक खुला हुआ मैदान। निकट का गाँव। गाँववासियों के घर।)

उद्घोषक : श्रोताओ, अब आपके सामने उद्‌भट विद्वान आप सब के प्रिय पण्डित लीलाधर चौबे, मंच पर व्याख्यान देने पधार रहे हैं।

(स्वागत में तालियों की गड़गड़ाहट)

पण्डित लीलाधर चौबे : सज्जनो! हमारी अधोगति की कथा सुनकर किस आँखों से अश्रुधारा न निकल पड़ेगी? हमें प्राचीन गौरव को याद करके सन्देह होने लगता है, हम वही हैं या बदल गए हैं। जिसने कल सिंह से पंजा लिया, आज वह चूहे को देखकर बिल खोज रहा है। दूर क्यों जाइए, महाराज चन्द्रगुप्त के समय को ही ले लीजिए। यूनान का सुविज्ञ इतिहासकार लिखता है, उस ज़माने में यहाँ द्वार पर ताले न डाले जाते थे। व्यभिचार का नामोनिशान न था। पुर्जों पर लाखों का लेन-देन हो जाता था। न्याय पद पर बैठे हुए कर्मचारी मक्खियाँ मारा करते थे। सज्जनो! उन दिनों कोई आदमी जवान न मरता था। आज ऐसे कितने माता-पिता हैं, जिनके कलेजे पर जवान बेटे का दाग़ न हो? वह भारत नहीं रहा, भारत ग़ारत हो गया है! *(तालियाँ बजती हैं)*

अरे, तुम उन्हीं ऋषि-मुनियों की सन्तान हो, जो आकाश के नीचे एक नई सृष्टि की रचना कर सकते थे। जिनके न्याय, बुद्धि और विचारशक्ति के सामने आज सारा

संसार सिर झुका रहा है।

एक बूढ़ा : हम अछूत भी उन्हीं ऋषियों की सन्तानें हैं पण्डित जी?

लीलाधर : निःसन्देह! बूढ़े बाबा, तुम्हारी धमनियों में भी उन्हीं ऋषियों का रक्त दौड़ रहा है। यह दुःखद है कि हमारा संकुचित समाज तुम्हें अवहेलना की दृष्टि से देखता है। लेकिन, तुम किसी मायने में किसी से निम्न नहीं हो। भले वे अपने को चाहे जितना ऊँचा समझते रहें।

बूढ़ा : तुम्हारी 'सुधार-सभा' हम लोगों की सुधि क्यों नहीं लेती?

लीलाधर : बूढ़े बाबा, 'सुधार-सभा' को जन्मे अभी कुछ ही दिन हुए हैं। अल्प समय में 'सभा' ने जितने सुधार कार्य किए हैं, वे प्रशंसनीय हैं। हिन्दू जाति शताब्दियों के बाद गहरी नींद से चौंकी है। वह समय निकट है जब हिन्दू किसी हिन्दू को निम्न न समझेगा। जब सब एक-दूसरे को भाई समझेंगे। श्री रामचन्द्र ने निषाद को छाती से लगाया था या नहीं? शबरी के जूठे बेर खाए थे या नहीं?

बूढ़ा : आप जब उन्हीं महात्माओं की सन्तान हैं तो फिर ऊँच-नीच का भेद क्यों मानते हैं?

लीलाधर : इसलिए कि हम पतित हो गए हैं। अज्ञान में पड़कर उन महात्माओं को भूल गए हैं।

बूढ़ा : अब तो आपकी निद्रा टूटी है पण्डित जी, हमारे साथ भोजन करोगे?

लीलाधर : मुझे कोई आपत्ति नहीं बूढ़े बाबा!

बूढ़ा : मेरे लड़के से अपनी कन्या का विवाह करोगे?

लीलाधर : जब तक तुम्हारे जन्म-संस्कार न बदल जाएँ! मांस खाना छोड़ो, मदिरा पीना छोड़ा, शिक्षा ग्रहण करो।

बूढ़ा : हम कितने ही ऐसे कुलीन ब्राह्मणों को जानते हैं जो रात-दिन नशे में डूबे रहते हैं, मांस के बिना कौर नहीं उठाते; और कितने ही ऐसे हैं जो एक अक्षर भी नहीं

पढ़े हैं; लेकिन उनके साथ आप भोजन करते हैं। विवाह-सम्बन्ध बनाने से भी नहीं झिझकते। जब आप खुद अज्ञान में पड़े हुए हैं पण्डित जी, तो हमारा उद्धार कैसे कर सकते हैं? आपका हृदय अभी तक अभिमान से भरा हुआ है। जाइए, अभी कुछ दिन और अपनी आत्मा का सुधार कीजिए। हमारा उद्धार आपके किए न होगा। हम कितने ही विद्वान, कितने ही आचारवान हो जाएँ, आप हमें यों ही नीच समझते रहेंगे। अब हम जिनकी शरण में जा रहे हैं पण्डित जी, वे हमसे यह नहीं कहते कि तुम अपने संस्कार बदल कर आओ।

लीलाधर : एक ऋषि सन्तान के मुँह से ऐसी बातें सुनकर मुझे आश्चर्य हो रहा है! वर्ण-भेद तो ऋषियों ही का किया हुआ है। उसे तुम कैसे मिटा सकते हो?

बूढ़ा : ऋषियों को मत बदनाम कीजिए। यह सब पाखण्ड आप लोगों का रचा हुआ है। आप कहते हैं—तुम मदिरा पीते हो। लेकिन आप मदिरा पीनेवालों की जूतियाँ चाटते हैं। आप हमसे मांस खाने के कारण घिनाते हैं; लेकिन आप गौ मांस खानेवाले अंग्रेज़ों के सामने नाक रगड़ते हैं क्योंकि अंग्रेज़ आपसे बलवान हैं। हम भी आज राजा हो जाएँ, तो आप हमारे सामने हाथ बाँधे खड़े होंगे। आपके धर्म में वही ऊँचा है जो बलवान है। वही निम्न है, जो निर्बल है। चलो भाइयो, इस 'सुधारक' सभा से चलें।

सभी उपस्थित : *(समवेत स्वर में)* चलो भैया चलो! इनका भाषण सुनकर अपना कोई भला नहीं होने वाला।

लीलाधर : बन्धुओ, बैठिए, बैठिए, मेरी बात शान्ति से सुनिए। मैं भी आप की बात शान्ति से सुन रहा हूँ न!

कई लोग : *(चलते-चलते)* पण्डित जी, हमें अब आपकी बात नहीं सुननी। चलो भैया, रुक काहे रहे? ये क्या हमारा उद्धार करेंगे।

(धीरे-धीरे कोलाहल का स्वर दूर जाता हुआ)

लीलाधर : *(स्वतः)* कैसे निर्बुद्धि प्राणी हैं ये! बेचारे! मगर वे भी मजबूर हैं! 'सुधार-सभा' को फ़ौरन ख़त लिखना होगा। कि यहाँ सबसे बड़ी आवश्यकता धन की है। जितना भेज सकें भेजें। बिना धन के इन अभागों का उद्धार न होगा। जब तक यहाँ पाठशाला न खुलें, कोई चिकित्सालय न स्थापित हो, वाचनालय न हो, इन्हें कैसे विश्वास होगा कि 'सुधार-सभा' उनकी हित-चिन्तक है? दूसरे लोग उन पर जितना खर्च कर धर्म प्रचार कर रहे हैं, उस हिसाब से हम क्या कर रहे हैं? केवल व्याख्यानों से काम नहीं चलेगा।

(संगीत)

(दृश्यान्तर)

2

(सुबह, वही मैदान, जहाँ पण्डित लीलाधर चौबे की छौलदारी है। बूढ़े बाबा वहाँ से गुज़र रहे हैं)

बूढ़े बाबा : *(उत्सुक से)* सुन तो किसना, कल रात इसी मैदान में इतनी जगमग थी, कई-कई तम्बू गड़े हुए थे। पण्डित लीलाधर चौबे का व्याख्यान चल रहा था। आज इतना सन्नाटा क्यों है?

किसना : कुछ गड़बड़ी लग रही बूढ़े बाबा! पण्डित जी वाला तम्बू छोड़ बाकी सब देख नहीं रहे रौंदे पड़े हुए हैं?

बूढ़े बाबा : तुम और विशनू यहीं रुको किसना। मैं ज़रा पण्डित जी से मिलकर आता हूँ।

किसना : जल्दी आना बूढ़े बाबा, खेत पर भी तो पहुँचना है?

बूढ़े बाबा : *(तनिक दूर से)* हाँ, हाँ, जल्दी मिलकर आता हूँ।

(तभी उनके पाँव से ज़मीन पर पड़ी लाठी टकराती है–'ठन्न' सी आवाज़ के साथ)

(स्वतः) ल ऽऽ लाठी! लाठी यहाँ कहाँ से आई? लगता है उत्पातियों ने पण्डित जी की मण्डली पर रात हमला बोला है? मालपुआ उड़ानेवाले उनके संगी-साथी डर कर भाग गए होंगे, तभी कोई दिखाई नहीं पड़ रहा! पण्डित जी के तम्बू का पर्दा भी खुला पड़ा हुआ है? 'पण्डित जी, ओ पण्डित जी! मैं हूँ कल रातवाला बूढ़ा बाबा।'

(पण्डित जी की कराह सुनाई पड़ती है) (भीतर दाखिल होकर) अरे, पण्डित जी तो धरती पर लहू-लुहान पड़े हुए हैं? किसने की इनकी यह हालत? *(बाहर दौड़ता है)* अरे किसना, विशनू, जल्दी आओ, तम्बू में पण्डित जी घायल पड़े हुए हैं। किसी ने उन्हें मारने की कोशिश की है! *(दौड़कर आने की आवाज़)*

किसना : क्या हुआ बूढ़े बाबा? ये पण्डित जी...

बूढ़े बाबा : *(घबराकर)* अभी अभी कराहे थे। नाड़ी देख किसना?

किसना : नाड़ी चल रही है बूढ़े बाबा! खून बहुत बह गया है!

बूढ़े बाबा : देर नहीं करनी चाहिए। विशनू तुम और किसना उठाओ पण्डित जी को और फौरन गाँव ले चलो। हमारे घर।

किसना : विशनू, मैं पण्डित जी को पीठ पर लाद कर बूढ़े बाबा के घर पहुँचता हूँ, तुम बगलवाले गाँव से भिनकू वैद्य को बुला लाओ। बाबा?

बूढ़े बाबा : क्या बात है किसना?

किसना : पण्डित जी को हम अपने गाँव ले तो चल रहे हैं, होश में आने पर कहीं उन्हें आपत्ति हुई...अछूत होकर हमने उन्हें छुआ क्यों तो?

बूढ़े बाबा : किसी की जान बचानी हो तो छूत-अछूत नहीं देखा जाता किसना!

(संगीत)

(दृश्यान्तर)

3

(बूढ़े बाबा का मिट्टी का मकान। सिलबट्टे पर जड़ी-बूटी पीसने की ध्वनि। बाहर से किसना आवाज़ लगाता है)

किसना : बूढ़े बाबा?

बूढ़े बाबा : आ जाओ किसना, भीतर आ जाओ।

किसना : पण्डित जी कैसे हैं?

बूढ़े बाबा : वैद्य जी की जड़ी-बूटी और मरहम-पट्टी खूब असर कर रही है। दो-तीन बार होश आ चुका। मगर कमज़ोरी के मारे फिर बेहोश हो जाते हैं। ठीक होने में थोड़े दिन तो लग ही जाएँगे किसना। घाव बड़े गहरे हैं।

किसना : कुछ खाया-पिया?

बूढ़े बाबा : तुम्हारी दादी ने आठ-दस चम्मच गाय का दूध पिलाया था होश आने पर!

किसना : पी लिया?

बूढ़े बाबा : पी लिया! सिर हिला और पीने से मना कर दिया।

किसना : दादी क्या पीस रहीं सिलबट्टे पे?

बूढ़े बाबा : कोई जड़ी है, उसे ही कच्ची हल्दी की गाँठ के साथ घोंट रहीं। वैद्य जी ने कहा है घाव में चाँपने को।

किसना : लाओ मैं पीसे देता हूँ बूढ़े बाबा!

बूढ़े बाबा : *(पत्नी से उन्मुख हो)* सुनती हो चलित्तर की महतारी, किसना पीस देगा जड़ी-बूटी! तुम चली जाओ और राम खिलावन के यहाँ से पण्डित जी के लिए आधा सेर दूध ले आओ। उनकी गाय दुहने का समय हो रहा।

किसना : *(उन्हें उठाता हुआ)* लाओ दादी, तुम जाके गाय का दूध ले आओ।

(बर्तनों के बीच लोटे की खनक की आवाज़)

दादी : महीन पीसना किसना, मैं अभी आई।

(किवाड़ खोल दादी बाहर जाती है और इधर पण्डित जी कुनमुनाते हैं।–'आह ऽऽऽ)

बूढ़े बाबा : *(हर्षित होकर)* होश में आ रहे हैं किसना पण्डित जी! *(गाल थपकाते हैं)* पण्डित जी, ओ पण्डित जी, कुछ तो बोलो पण्डित जी! *(निःश्वास भर)*
फिर अचेत हो गए किसना! *(पार्श्व में सिलबट्टे की आवाज़ आती रहेगी)*

किसना : इनके घरवालों का कोई अता-पता मिला?

बूढ़े बाबा : यही तो मुसीबत है। बोल तो पा नहीं रहे पण्डित जी, अब कहाँ खोजें इनके घरवालों को अपने हैं तो हम, बेगाने हैं तो हम! हमारे ही उद्धार के लिए तो यहाँ आए थे। नहीं तो अपना घर-बार छोड़ के कोई यहाँ इतनी दूर आता? पूरा गाँव चिन्तित है पण्डित जी के लिए। जिसको देखो वही किसना, टोकनी में कुछ-न-कुछ लिए चला आ रहा है। बस ठीक हो जाएँ, गूँ मूत सब मैं उठा लूँगा। अरे हम लोगों को कौन उठाते हुए घिन आती है?

(बाहर चार-पाँच लोगों की आवाज़ें। सब पण्डित जी को देखने आए हैं)

गाँववाला 1 : कैसी तबियत है बूढ़े बाबा पण्डित जी की? सेर भर शक्करकन्दी भेजा है पुनिया की अम्माँ ने पण्डित जी के लिए। कह रही थी; गय्या के दूध में भींज के खिलाने से ताकत आएगी घायल देह में।

गाँववाला 2 : दादी कहाँ गईं? दिख नहीं रहीं?

किसना : गाय का दूध लेने।

गाँववाला 2 : दादी के हाथ मौनी बाबा के यज्ञ की भभूत थमानी है। सूर्योदय से पहले पण्डित जी के कपाल पर भभूत लगाने से पाँचवें दिन उठकर खड़े हो जाएँगे पण्डित जी!

गाँववाला 3 : और यज्ञ की भभूत चोरी से लाया है गमकू पण्डित जी के लिए!

(सब हँस पड़ते हैं। सिलबट्टे का स्वर प्रखर हो संगीत में डूब जाता है)

(दृश्यान्तर)

4

(पण्डित जी पहले से स्वस्थ हैं और होश में आ गए हैं)

लीलाधर : बूढ़े बाबा! मैं यहाँ कैसे आया?

बूढ़े बाबा : क्या करेंगे जानकर?

लीलाधर : चिन्तित न हों, अब मैं स्वस्थ हूँ।

बूढ़े बाबा : जिस रात आपका व्याख्यान सुना था, उसके बाद वाली सुबह की बात है। हम लोग खेतों पर मजूरी के लिए निकले थे...और उसी मैदान की बगल से गुज़र रहे थे। देखा कि सब उजाड़ पड़ा है। आपके तम्बू में झाँका तो पाया आप तो पण्डित जी खून से लथ-पथ पड़े हैं। बस, हम लोग उठाकर आपको गाँव ले आए!

बूढ़े बाबा : एक बात पूछें महाराज? किसने आपकी ये हाल की?

लीलाधर : *(गहरा निःश्वास भरकर)* कैसी भयानक रात थी बूढ़े बाबा! तम्बू में बैठा मैं 'सुधारक-सभा' के मन्त्री को पत्र लिख रहा था। सहसा आहट सुनकर सामने देखा तो दो आदमियों को लाठी लिए खड़ा पाया! उनका इरादा भाँप मैं भागना ही चाहता था कि लाठियों के कई वार सिर पर और कंधे पर हुए। बेहोश होकर मैं नीचे गिर पड़ा। उसके बाद का कुछ भी याद नहीं...

बूढ़े बाबा : *(बात काटकर)* हम तो इसे अहसान नहीं समझते! महाराज! साँप का मन्त्र जाननेवाला देहाती, अब भी, माघ-पूस की मेघाच्छन्न रात्रि में मन्त्र झाड़ने के लिए दस-पाँच कोस पैदल दौड़ता हुआ चला जाता है। उसे डबल फीस और सवारी की ज़रूरत नहीं होती!

लीलाधर : ठीक कह रहे हो बूढ़े बाबा!

बूढ़े बाबा : अब आप आराम करो पण्डित जी, बहुत बुलवा लिया आज!

(संगीत)

(दृश्यान्तर)

5

(बूढ़े बाबा का घर! साँझ का समय है)

बूढ़े बाबा : *(बिहंसकर)* महाराज, मन्द-मन्द मुस्कुरा रहे, क्या पढ़ लिया अख़बार में?

लीलाधर : *(हँसते हुए)* ख़बर ही ऐसी है बूढ़े बाबा!

बूढ़े बाबा : कौन-सी खबर? भेड, गाँव में अख़बार कहाँ से पा लिए?

लीलाधर : गंगू शहर जा रहा था, सो मैंने 'सुधार-सभा' का मुख-पत्र मँगवा लिया। सोचा, देखूँ क्या हाल-चाल हैं सभा के।

बूढ़े बाबा : *(विस्मय से)* इसमें, हँसनेवाली बात क्या है?

लीलाधर : हँसनेवाली बात ये है कि मैं—तीन महीने पहले मर चुका हूँ।

बूढ़े बाबा : *(विस्मित होकर)* अच्छा!

लीलाधर : हाँऽ, और 'सुधार-सभा' में मेरी मृत्यु पर आँसू बहाए गए हैं। मेरे कामों की प्रशंसा की गई है। मेरा स्मारक बनाने के लिए चन्दा इकट्ठा किया जा रहा है। घरवाले भी रो-पीटकर बैठ गए।

बूढ़े बाबा : आखिर आपको तीन महीने हो भी गए न! सही है, वे लोग भी समझे होंगे कि आप...

लीलाधर : *(बात काटकर)* इस दुनिया में नहीं रहे! पर बूढ़े बाबा, जिसे बचानेवाला तुम जैसा देवता हो, भला उसकी मृत्यु कैसे हो सकती है?

बूढ़े बाबा : आप हमें लज्जित न करें महाराज! ये सब ऊपरवाले की दया है!

लीलाधर : *(बिहंसकर)* सो तो ठीक है बूढ़े बाबा, पर हम उच्च वर्णवाले समझते थे, ऊपरवाले की दया भी हमारे माध्यम से ही होती है। हमारी कृपा से ही तुम लोगों का उद्धार होता है। अब जाकर अनुभव हुआ, मैं जिन लोगों को नीच समझता था, जिनके उद्धार का बीड़ा उठाकर इतनी दूर आया था, वे मुझसे कहीं ऊँचे हैं।

बूढ़े बाबा : न, न, महाराज, ऐसा न कहें। ऊँचे आप ही हैं।

लीलाधर : *(पश्चात्ताप भरे स्वर में)* यह हमारी भूल थी बूढ़े बाबा! जन्मना ऊँचे नहीं होते, ऊँचे होते हैं कर्म से। तुमने वो कर्म किया है। मैं इस परिस्थिति में कदाचित् रोगी को किसी अस्पताल में भेजकर ही अपनी कर्त्तव्यनिष्ठा पर गर्व करता; समझता, मैंने दधीचि और हरिश्चन्द्र का मुख उज्ज्वल कर दिया!

बूढ़े बाबा : हमें तो खुशी यह है आप भले-चंगे हो गए। चलिए, चलकर भोजन ग्रहण करें!

लीलाधर : हाँ चलो!

(संगीत)

(दृश्यान्तर)

6

(बूढ़े बाबा का घर। दोपहर के समय विशनू घबड़ाया-सा आता है)

विशनू : *(बदहवास-सा बाहर से)* बूढ़े बाबा, ओ ऽऽ बूढ़े बाबा!

लीलाधर : *(घर के भीतर से)* तुम भीतर चले आओ विशनू, बाबा की तनिक आँख लग गई है। तबियत कुछ ढीली है।

विशनू : *(घबराए स्वर में)* आप घर लौटने की तैयारी कर रहे हैं न महाराज?

लीलाधर : बहुत दिन रह लिया तुम लोगों के पास, अब घर तो लौटना ही होगा। मगर तुम इतने घबराए हुए से क्यों हो?

विशनू : गाँव में प्लेग फैल रहा, दो लोग बीमार पड़ चुके हैं। आप अपने घर जाने की बात कर रहे थे न? आज शाम ही रवाना हो जाइए।

लीलाधर : *(चिन्तित हो)* प्लेग फैल रहा? कल रात से बूढ़े बाबा की तबियत...कहीं, वे भी प्लेग की चपेट में तो नहीं आ गए? देखो? देखो इन्हें ज़रा!

विशनू : *(देखता है)* अ, अ...बाबा, ओ बाबा? *(गाल थपकाता है) (सहसा चीख़कर)* महाराज! गज़ब हो गया? ये तो प्लेग के ही लक्षण हैं! इन्हें भी गिल्टी हो रही? अरे दादी, धनुआ, सावित्री, चलो, चलो, सब घर से बाहर निकलो। तुरन्त। जाके खेत की मड़ैया में शरण लो। गाँव के सब लोग वहीं जा रहे! *(दादी, धनुआ सबके बदहवास से रोने-धोने के मिले-जुले स्वर)* महाराज, आफ़त टूटी है, निकलने में आप भी देर न करें।

लीलाधर : बाबा को इस हालत में छोड़कर?

(दूर से रोने पीटने के करुण स्वर)

विशनू : *(विवश होकर)* छोड़ना ही होगा। दैवी प्रकोप है महाराज, रोगी को बचाना देवताओं से बैर मोल लेना है। जिस प्राणी को देवता ने चुन लिया, उसके हाथ से हम भला उसे छीन सकते हैं? चलता हूँ। *(घर से बाहर आकर)* दादी, आप अब तक देहरी के बाहर खड़ी हैं? किस मोह में पड़ी हैं! जिनकी जान बच सकती है, उनकी तो बचा लो!

(संगीत)

(दृश्यान्तर)

7

(बूढ़े बाबा की कोठरी! उनके कराहने का स्वर)

बूढ़े बाबा : *(काँपते स्वर में)* सब छोड़कर चले गए ऽऽ महाराज, आप न गए?

लीलाधर : जिस प्राणी ने मुझे मौत के पंजे से छुड़ाया, इस हालत में उसे छोड़कर चला जाऊँ?

बूढ़े बाबा : मेरे लिए देवताओं का हुक्म आ गया है। आप अपनी जान जोखिम में काहे डालते हो। मुझ पर दया करो। चले जाओ।

लीलाधर : ना बूढ़े बाबा ना! यह देवताओं का कोप नहीं है, अंध-विश्वास है। कल सुबह शहर जाकर मैं प्लेग की दवा ले आऊँगा सरकारी अस्पताल से! सब ठीक हो जाएगा। गाँव के बाकी दोनों मरीज़ों की भी देखभाल मैं ही करूँगा। मुझे कुछ नहीं होगा। चिन्ता न करें।

बूढ़े बाबा : शहर यहाँ से, बीस मील दूर है!

लीलाधर : होने दो! लो, थोड़ी-सी दलिया खा लो। आप खा लेंगे तो मैं जाकर उन दोनों मरीज़ों को भी कुछ खिला आऊँगा। गिल्टी भी सेंकनी है अभी आपकी!

(संगीत)

(दृश्यान्तर)

8

(सरकारी अस्पताल! पण्डित लीलाधर कम्पाउण्डर के सामने गिड़गिड़ा रहे हैं)

लीलाधर : *(दीन भाव से)* कम्पाउण्डर साहब, बड़ी दूर से आया हूँ। गाँव में कई आदमी प्लेग की चपेट में हैं। दवा न मिलेगी तो सब मर जाएँगे।

कम्पाउण्डर : *(बिगड़कर)* क्यों सिर खाए जाते हो? कह तो दिया।

दवा तैयार नहीं है। न इतनी जल्दी हो ही सकती है।

लीलाधर : सरकार, ब्राह्मण हूँ, आपके बाल-बच्चों को भगवान चिरंजीवी करे, दया कीजिए। आपका इक़बाल चमकता रहे।

कम्पाउण्डर : *(धूर्तता से)* जेब में कुछ नगद-नारायण है?

लीलाधर : *(हाथ जोड़कर)* नहीं सरकार!

कम्पाउण्डर : तो रास्ता नापो, दूसरों को आगे आने दो।

लीलाधर : दया कीजिए कम्पाउण्डर साहब, दया कीजिए!

कम्पाउण्डर : कोई दया-वया नहीं। चले आते हैं हाथ हिलाते हुए... हुँह! सदाव्रत खुला हुआ है!

लीलाधर : *(स्वतः)* अब क्या करूँ? क्या होगा? सारी मेहनत व्यर्थ जा रही! शायद मैं कुछ न कर सकूँगा बूढ़े बाबा और तिनकू और मनकू के लिए! किस मुँह से गाँव वापस लौटूँ? ये ऽऽ, स्टेस्थोस्कोप लटकाए बंगले से जो आदमी निकल रहा, कहीं डॉक्टर तो नहीं? डॉक्टर ही तो है! *(उस ओर लपककर)* डॉक्टर साहब, डॉक्टर साहब! *(गिड़गिड़ाकर)* आपके पैर पड़ता हूँ दीनबन्धु! मेरे घर में तीन आदमी प्लेग में पड़े हुए हैं। बड़ा गरीब हूँ सरकार! कोई दवा मिल जाए तो रोगी बच जाएँगे!

डॉक्टर : *(सख़्त स्वर में)* पैर छोड़ो मेरा, रोगी कहाँ हैं?

लीलाधर : वे तो घर पर हैं। बीस कोस दूर है गाँव, यहाँ कैसे लाता सरकार?

डॉक्टर : रोगी घर में है और तुम दवा लेने आए हो? रोगी को देखे बिना मैं दवा कैसे दे सकता हूँ?

लीलाधर : सरकार, बड़ी उम्मीद से आया हूँ, कुछ तो कीजिए! डोली का प्रबन्ध होना सम्भव न था, सब गाँव छोड़कर चले गए हैं! मुझे तो अपना शत्रु मान रहे। इज़्ज़त न करते होते तो दवा-दारू के नाम पर मार ही डालते। उन्हें तो लग रहा सरकार, यह दुष्ट देवताओं से उनका बैर बढ़ा रहा है।

डॉक्टर : इतनी विनती कर रहे हो तो एक काम हो सकता है?

लीलाधर : बोलिए सरकार?

डॉक्टर : अस्पताल से दवा मिल नहीं सकती, मैं अपने पास से दवा दे सकता हूँ। लेकिन दवा के दाम देने होंगे।

लीलाधर : दवा कितने की होगी सरकार?

डाक्टर : दस रुपये! मेरी दवा से मरीज़ों को जितना लाभ होगा, अस्पताल की दवा से नहीं हो सकता। वहाँ तो पुरानी दवाइयाँ होती हैं। ग़रीब आते हैं, दवाइयाँ ले जाते हैं। जिसको जीना होता है, जीता है। जिसे मरना होता है, मर जाता है।

लीलाधर : *(हताश होकर)* दस रुपये? इस वक़्त तो मेरे पास हैं नहीं, कहाँ से लाऊँ?

डॉक्टर : जहाँ से मर्ज़ी हो लाओ। अब हटो, मुझे जाने दो।

लीलाधर : *(स्वतः)* दस रुपये! कभी इतने रुपये मैं भंग-बूटी में उड़ा दिया करता था। इस समय तो धेले-धेले का मोहताज हूँ। किसी से उधार मिलने की भी उम्मीद कहाँ है। भिक्षा माँगने के सिवा दूसरा कोई उपाय नहीं। पर, भिक्षा माँगूँगा तो लोग कहेंगे, इतने मोटे-ताज़े होकर मेहनत क्यों नहीं करते? दोपहर ढली जा रही। 'संध्या हो गई तो रात को गाँव लौटना असम्भव हो जाएगा।' रोगियों की जाने कैसी दशा होगी! अब, अब चाहे जितना तिरस्कार हो, अपमान झेलना पड़े, भिक्षा के सिवा और कोई उपाय नहीं!

(संगीत)

(दृश्यान्तर)

9

(बाज़ार की चहल-पहल का शोर)

लीलाधर : *(स्वतः)* इस दुकानदार से ही शुरू करूँ? *(प्रत्यक्ष)* सेट

जी, ओ सेठ जी?

दुकानदार : क्या लोगे भाई!

लीलाधर : *(दुविधाग्रस्त होकर)* ये, ये चावल क्या भाव दिया?

दुकानदार : दो आने सेर।

लीलाधर : *(आगे बढ़ते हुए)* महँगा है।

(स्वतः, पार्श्व में बाज़ार का शोर चल रहा है) च, से ऽऽ भिक्षा के लिए ज़ुबान क्यों नहीं खुलती? मुझे चावल थोड़े ही खरीदना है? ऐसा करता हूँ, उस बड़ी दुकान पर चलता हूँ। दुकान की गद्दी के सामने पहुँचते ही गीता का एक श्लोक सुनाऊँगा पहले। उसका असर देखूँगा। तब भिक्षा माँगूगा।

(दुकान के सामने पहुँचकर। सेठ जी नौकरों को सामान तौलने की हिदायतें दे रहे हैं–'मेरे पियारे, ये बाबूजी के लिए सवा सेर गुड़ तौल! और सुन, राम सेवक को बोल, सक्सेना बाबू को पसेरी-भर उर्द चाहिए। जल्दी कर।')

(तभी)

लीलाधर : *(श्लोक पढ़ते हैं)*

न जायते म्रियते वा कदा चिन्नायं।
भूत्वा भविता वा न भूयः
अजो नित्यः शाश्वतोऽयं पुराणो,
न हन्यते, हन्यमाने शरीरे।।

दुकानदार : *(चमत्कृत होकर)* वाह! वाह, वाह, वाह! इतना शुद्ध उच्चारण! गीता का यह श्लोक अद्भुत है। महाराज, कहाँ स्थान है?

लीलाधर : काशी से आ रहा हूँ।

दुकानदार : *(आग्रह पूर्वक)* बहुत अच्छा! महाराज कुछ और सुनाएँ।

लीलाधर : सुनाने के लिए शान्त वातावरण की आवश्यकता होती है।

दुकानदार : *(अभिभूत भाव से)* महाराज, चलकर मेरे घर को पवित्र कीजिए।

लीलाधर : नहीं सेठ जी, मुझे अवकाश नहीं है।

दुकानदार : *(हाथ जोड़कर)* अपने अमृत वचन से हमें वंचित न कीजिए महाराज?

लीलाधर : सेठ जी, आज रहने दीजिए, फिर कभी।

दुकानदार : *(विनयपूर्वक)* फिर हम आपकी क्या सेवा करें? कुछ आज्ञा दीजिए। आपकी वाणी से तो तृप्ति नहीं हुई। फिर कभी इधर आना हो तो अवश्य दर्शन दीजिएगा।

लीलाधर : आपकी इतनी श्रद्धा है तो अवश्य आऊँगा। *(स्वतः)* ओह! आखिर यहाँ भी संकोच ने मुझे जकड़ लिया। अब कहाँ जाऊँ? *(झुँझलाकर)* जब किसी से माँगूगा नहीं, तो कोई क्यों देने लगा? क्या कोई अन्तर्यामी है, मेरे मन का हाल जान लेगा? *(निःश्वास भरकर)* वे दिन गए, जब धनी लोग ब्राह्मणों की पूजा किया करते थे। अब यह आशा छोड़ दो पण्डित लीलाधर, कि कोई महाशय आकर तुम्हारे हाथ में बिन माँगे रुपये रख देंगे? *(दुखी हो)* चलकर कहीं और माँगता हूँ।

दुकानदार : *(पुकारकर)* पण्डित जी, ज़रा ठहरिए।

लीलाधर : *(स्वतः)* शायद, फिर घर चलने का आग्रह करने आ रहा है। इससे तो अच्छा था, एक रुपये का एक नोट पकड़ा देता?

दुकानदार : *(पाँवों की ओर झुकते हुए)* महाराज, आपने घर आना तो स्वीकार न किया। यह एक गिन्नी स्वीकार करें।

लीलाधर : *(गद्‌गद स्वर में)* इसकी क्या जरूरत थी सेठ जी, मैं भिक्षुक नहीं हूँ, आपका सेवक हूँ!

दुकानदार : *(श्रद्धापूर्वक)* भगवन्, इसे स्वीकार कीजिए। यह दान नहीं, भेंट है। मैं भी आदमी पहचानता हूँ। आपका संकोच देखकर समझ गया था कि यह आपका पेशा

नहीं है। आप विद्वान हैं, धर्मात्मा है; पर किसी संकट में पड़े हुए हैं। इस तुच्छ भेंट को स्वीकार कर मुझे आशीर्वाद दीजिए!

लीलाधर : ईश्वर आपका भला करे सेठ जी, व्यापार फले-फूले, परिवार सुख और समृद्धि हासिल करे! प्रणाम! चलूँ।

दुकानदार : प्रणाम महाराज!

लीलाधर : *(स्वतः)* अब जल्दी से दवा लेकर गाँव लौटूँ। पता नहीं बूढ़े बाबा और तिनकू-मनकू का क्या हाल होगा!

(संगीत)

(दृश्यान्तर)

10

(बूढ़े बाबा का घर! बाहर से कुछ लोग बतियाते चले आ रहे हैं)

ग्रामीण 1 : भैया, गज़ब हो गया! पण्डित जी ने तो देवताओं पर भी विजय पा ली!

ग्रामीण 2 : असम्भव को सम्भव कर दिखाया।

ग्रामीण 3 : साक्षात् भगवान हैं भैया! उनके दर्शनों को दूर-दूर से लोग आ रहे।

बूढ़े बाबा : *(कृतज्ञ हो)* महाराज, तुम साक्षात् भगवान हो। तुम न आते, तो हम न बचते।

लीलाधर : बूढ़े बाबा! मैंने कुछ नहीं किया। यह सब ईश्वर की दया है।

बूढ़े बाबा : अब हम तुम्हें कभी न जाने देंगे। जाकर अपने बाल-बच्चों को भी यहीं ले आओ।

लीलाधर : हाँ, मैं भी यही सोच रहा हूँ। तुम लोगों को छोड़कर अब नहीं जा सकता।

किसना : आपके व्यवहार से हमारा संस्कार भी बदल गया। हम

भी अब मांस, मदिरा छोड़ रहे हैं। आपने जैसे हमें शुद्धि प्रदान की है।

लीलाधर : मैं भला आप लोगों को क्या शुद्ध करूँगा, पहले अपने को तो शुद्ध कर लूँ! ऐसी निर्मल और पवित्र आत्माओं को शुद्धि के ढोंग से मैं, अपमानित नहीं कर सकता।

(संगीत)

पंच परमेश्वर

स्थान : साठ-सत्तर वर्ष पूर्व का गाँव। अलगू चौधरी और जुम्मन शेख़ का घर। गाँव के गली-गलियारे। पेड़ के नीचे पंचायत

संगीत : बिहार, उत्तर प्रदेश की लोक धुनें

पात्र

जुम्मन शेख़ : अलगू का लँगोटिया यार (40-42 वर्ष)

अलगू चौधरी : जुम्मन शेख़ का गहरा दोस्त, दुःख-सुख का साथी (40-42 वर्ष)

ख़ाला : जुम्मन की ख़ाला, बेवा, निःसन्तान (65 वर्ष)

समझू साहू : गल्ले का व्यापारी, कुटिल (55 वर्ष)

सहुआइन : समझू साहू की पत्नी, चंट (50 वर्ष)

रामधन मिश्र : ग्रामवासी। जुम्मन के विरोधी (55 वर्ष)

पंच : 1, 2, 3, 4, 5

पंच समवेत : पाँच मिलकर बोलेंगे

ग्रामीण : 1, 2, 3, 4, 5, 6

1

(जुम्मन शेख़ का मकान, जुम्मन शेख़ की ख़ाला, जुम्मन शेख़ और उसकी पत्नी करीमन के उपेक्षापूर्ण व्यवहार से रुष्ट होकर)

ख़ाला : *(क्षुब्ध होकर)* जुम्मन बेटा, अब तुम्हारे साथ मेरा निर्वाह न होगा।

जुम्मन : क्या कहती हो ख़ाला, तुम्हें कोई तकलीफ़ दी हमने?

ख़ाला : तकलीफ़! बेटा जब तक मेरी मिलकियत तुमने अपने नाम न करवा ली, तब तक तो खूब ख़ातिरदारी की।

जुम्मन : तो अब क्या हो गया?

ख़ाला : अब क्या होगा बेटा! रजिस्ट्री की मोहर लगते ही तुम्हारी बीवी करीमन का रुख़ ही बदल गया।

जुम्मन : साफ़-साफ़ तो बोलो।

ख़ाला : *(खीझते हुए)* और कितना मुँह खोलूँ? क्या तुम नहीं सुनते? रूखी-सूखी रोटी थाली में पटकते तुम्हारी बीवी कैसी खरी-खोटी, कड़ुवी बातें सुनाती रहती है?

जुम्मन : *(ऊबकर)* ख़ाला, तुम औरतों के झमेले में मुझे तो मत डालो।

ख़ाला : इसीलिए तो कह रही हूँ, मेरा निर्वाह अब तुम्हारे साथ न होगा। तुम मुझे रुपये दे दिया करो, मैं अपना पका-खा लूँगी।

जुम्मन : *(धृष्टता से)* रुपये क्या यहाँ फलते हैं?

ख़ाला : *(नम्रता से)* जुम्मन, पेट में डालने को मुझे भी तो कुछ रूखा-सूखा चाहिए?

जुम्मन : *(चिढ़कर)* होंअगेऽ, तो कोई यह थोड़े ही समझा था कि **तुम मौत से लड़कर आई हो!**

ख़ाला : तो ठीक है। अगर तुम मेरी कोई व्यवस्था न करोगे तो मैं पंचायत करवाऊँगी।

जुम्मन : *(व्यंग्य से हँसकर)* हाँ, ज़रूर पंचायत करो। फ़ैसला हो जाए। मुझे भी यह रात-दिन की खट-खट पसन्द नहीं।

ख़ाला : मैं चलती हूँ, आस-पास के गाँव के लोगों को पंचायत की ख़बर देने।

जुम्मन : *(कटाक्ष करते हुए)* ज़रूर जाओ ख़ाला। *(स्वत:)* किसमें इतना बल है जो मेरा सामना करे! आसमान के फ़रिश्ते तो पंचायत करने आवेंगे नहीं!

(लोकवाद्य की धुन)

(दृश्यान्तर)

2

(ख़ाला लाठी ठकठकाती हाँफती-सी चल रही हैं। झुकी कमर की वजह से उन्हें चलने में कष्ट हो रहा है। अलगू के दरवाज़े पहुँचकर वह उसे पुकारती हैं)

ख़ाला : *(लाठी पटककर)* अलगू ऽ ओ बेटा अलगू ऽ?

अलगू : *(प्रसन्न होकर)* अरे ख़ाला तुम, आओ बैठो!—*(खटिया सीधी कर)*

ख़ाला : *(हाँफते हुए)* बैठूँगी नहीं अलगू! कई दिनों से आस-पास के गाँव में दौड़ रही हूँ—पंचायत के लिए बुलौवा देने। तुम भी दम-भर के लिए मेरी पंचायत में चले आना बेटा!

अलगू : *(विनम्रता से)* मुझे बुलाकर क्या करोगी ख़ाला! कई गाँव के आदमी तो आवेंगे ही।

ख़ाला : अपनी विपदा तो सबके आगे रो आई। किसी ने तो यों ही ऊपरी मन से हाँ, हूँ करके टाल दिया, किसी ने उल्टे मुझी पर वार कसे। कहा—क़ब्र में पाँव लटके हुए हैं, आज मरे कल दूसरा दिन; पर हवस नहीं मानती। अब तुम्हें क्या चाहिए ख़ाला? रोटी खाओ और अल्लाह का नाम

लो। तुम्हें अब खेती-बारी से क्या काम? किसी-किसी ने तो मज़ाक़ में ही बात टाल दी। अब आने न आने का अख़्तियार उनको है।

अलगू : *(विचारमग्न होकर)* यों आने को आ जाऊँगा ख़ाला; पर पंचायत में मुँह न खोलूँगा।

ख़ाला : *(विस्मय से)* क्यों बेटा?

अलगू : *(विवश-सा)* अब इसका क्या जवाब दूँ? जुम्मन मेरा पुराना दोस्त है। उससे बिगाड़ नहीं कर सकता।

ख़ाला : *(चुनौती देती हुई)* बेटा अलगू, क्या बिगाड़ के डर से ईमान की बात न कहोगे? चलती हूँ। जैसी तुम्हारी मर्ज़ी।

(लाठी की ठक्, ठक् दूर होती जाती है)

अलगू : *(स्वतः)* ख़ाला नहीं समझ सकेंगी मेरी मजबूरी! *(नेपथ्य से)* सहसा एक गिलास के टूटने की ध्वनि के साथ ख़ाला का वाक्य गूँजता है 'बेटा अलगू, क्या बिगाड़ के डर से ईमान की बात न कहोगे'? *(रह-रहकर उसी वाक्य की अनुगूँज होती है)*

(संगीत–कोई ग्रामीण लोकधुन)

(दृश्यान्तर)

3

(पेड़ के नीचे जुड़ी पंचायत की गहमागहमी। लोग आपस में खुस-फुस कर रहे हैं। बीच-बीच में हुक्के की गुड़गुड़ाहट का स्वर। चिड़ियों का कलरव भी सुनाई पड़ रहा। आनेवाले लोग एक-दूसरे से 'सलाम' और 'जुहार' कर रहे हैं। हालचाल पूछ रहे हैं)

ख़ाला : *(विनती-भरे स्वर में)* पंचो, आज तीन साल हुए, मैंने अपनी सारी जायदाद अपने भाँजे जुम्मन के नाम लिख दी थी। इसे आप लोग जानते ही होंगे। जुम्मन ने मुझे ताज़िन्दगी, रोटी-कपड़ा देना क़बूल किया था। अब तक तो मैंने इसके साथ रो-धो के काटा। पर अब रात-दिन का रोना सहा

नहीं जाता। मुझे न पेट की रोटी मिलती है न तन का कपड़ा। बेकस बेवा हूँ। कचहरी-दरबार नहीं कर सकती। तुम्हारे सिवा और किसको अपना दुःख सुनाऊँ पंचो? तुम लोग जो भी राह सुझाओगे, उसी पर अमल करूँगी। अगर मुझ में कोई ऐब दिखा हो तो मेरे मुँह पर बेधड़क थप्पड़ मारो। जुम्मन में बुराई देखो तो उसे समझाओ, क्यों एक बेकस की 'आह' लेता है?

मैं पंचों का हुक्म सिर-माथे चढ़ाऊँगी।

रामधन मिश्र : जुम्मन मियाँ, किसे पंच बदते हो? अभी से इसका निपटारा कर लो। फिर जो कुछ पंच कहेंगे, वही मानना पड़ेगा।

जुम्मन : *(अविचलित)* देखो रामधन भैया! पंचों का हुक्म अल्लाह का हुक्म है। ख़ालाजान जिसे चाहें, उसे बदें। मुझे कोई उज्र नहीं।

ख़ाला : *(चिल्लाकर)* अरे अल्लाह के बन्दे, पंचों का नाम क्यों नहीं बता देता? कुछ मुझे भी तो मालूम हो।

जुम्मन : *(क्रोध से)* अब इस वक्त मेरा मुँह न खुलवाओ ख़ाला, तुम्हारी बन पड़ी है, जिसे चाहो पंच बदो।

ख़ाला : बेटा, ख़ुदा से डरो। पंच न किसी के दोस्त होते हैं, न किसी के दुश्मन। कैसी बातें कहते हो! और तुम्हारा किसी पर विश्वास न हो, तो जाने दो। अलगू चौधरी को तो मानते हो? लो, मैं उसी को सरपंच बदती हूँ।

जुम्मन : *(खुशी छिपाते हुए)* अलगू ही सही, मेरे लिए जैसे रामधन वैसे अलगू।

अलगू : *(कन्नी काटते हुए)* ख़ाला, तुम तो जानती हो कि मेरी जुम्मन से गाढ़ी दोस्ती है?

ख़ाला : *(संजीदा होकर)* बेटा, दोस्ती के लिए कोई अपना ईमान नहीं बेचता। पंच के दिल में खुदा बसता है। पंचों के मुँह से जो बात निकलती है, वह खुदा की तरफ़ से निकलती है।

(ग्रामीणों में विवाद)

ग्रामीण 1 : भैया, ई बुढ़िया पगला गई है क्या? इसे नहीं मालूम अलगू जुम्मन का लँगोटिया यार है!

ग्रामीण 2 : *(स्वर चबाकर)* जानती सब है। अलगू ने भरी सभा में स्वीकारा है। मति फिर गई है। अलगू तो जुम्मन का ही पक्ष लेगा न! देखो, देखो, अलगू का नाम सुनते ही जुम्मन की कैसी बाँछें खिल गईं।

(कार्रवाई शुरू होती है। सभा में सन्नाटा छा जाता है)

अलगू : हाँ तो भाइयो, सुनवाई शुरू होती है!
शेख़ जुम्मन, हम तुम्हारे पुराने दोस्त हैं। जब काम पड़ा, तुमने हमारी मदद की। हमसे भी जो बन पड़ा, तुम्हारी सेवा करते रहे। मगर इस समय तुम और बूढ़ी ख़ाला, दोनों हमारी निगाह में बराबर हो। तुमको पंचों से जो कुछ अर्ज़ करनी हो, करो।

जुम्मन : *(शान्तचित्त होकर)* पंचो, तीन साल हुए ख़ालाजान ने अपनी जायदाद मेरे नाम दान कर दी थी। मैंने ताज़िन्दगी खाना-कपड़ा देना क़बूल किया था। खुदा गवाह है, आज तक मैंने ख़ालाजान को कोई तकलीफ़ नहीं दी। मैं इन्हें अपनी माँ के समान समझता हूँ। इनकी ख़िदमत करना मेरा फ़र्ज़ है। मगर औरतों में ज़रा अनबन रहती है। इसमें मेरा क्या बस है? ख़ालाजान मुझसे माहवार ख़र्च अलग से माँगती हैं। जायदाद जितनी है; वह पंचों से छिपी नहीं है। उससे इतना मुनाफ़ा नहीं होता कि माहवार ख़र्च दे सकूँ। इसके अलावा दानपत्र में माहवार ख़र्च का कोई ज़िक्र नहीं है। होता तो मैं भूलकर भी इस झमेले में न पड़ता।
बस, मुझे यही कहना है। आइन्दा पंचों को अख़्तियार है, जो चाहें फ़ैसला करें!

अलगू : *(शान्तचित्त)* जुम्मन मियाँ, तुम्हारी ख़ाला ने तुम्हें कितनी

ज़मीन दान में दी थी?

जुम्मन : तीन बीघा।

अलगू : ज़मीन रजिस्ट्री करवाने से पहले तुमने ख़ाला से लम्बे-चौड़े वायदे किए थे?

जुम्मन : किये थे।

अलगू : क्या-क्या वायदे किए थे?

जुम्मन : यही कि, ख़ाला को कोई तकलीफ़ न होगी। जब जो खाने का जी चाहे, खा सकती हैं।

अलगू : और?

जुम्मन : सारे पीर दरगाहों का दर्शन कराऊँगा।

अलगू : तुमने वायदे पूरे किए?

जुम्मन : बेशक, कभी खाने-पीने की तकलीफ़ नहीं हुई ख़ालाजान को।

ख़ाला : *(सब्र खोकर)* झूठ, बिल्कुल झूठ! आज कई महीने हुए बघारी दाल के साथ रोटी खाए हुए। बहू करीमन की जली-कटी ऊपर से सुननी पड़ती है।

अलगू : ख़ाला सच कह रही हैं जुम्मन?

जुम्मन : *(दुविधा झेलते हुए)* नहीं, मतलब, अब, खेतों में पैदावार अच्छी न हो तो कोई क्या करें!

अलगू : पंचो, ख़ाला के खेत परती पड़े हुए हैं?

सभी पंच मिलकर : नहीं भैया, अभी भी गेहूँ की खेती लहलहा रही है!

अलगू : *(तटस्थ स्वर में)* फ़ैसला देने से पहले पंच आपस में सम्मति कर लें।

(आपस में विचार-विमर्श की खुसर-फुसर) 'यह तो भैया बूढ़ी के प्रति अन्याय है।' 'फसल न पैदा होती हो तो बात जुदा है,' विचार-विमर्श थमते ही अलगू फ़ैसला सुनाता है। लोगों में सन्नाटा छा जाता है।

अलगू : जुम्मन शेख़, पंचों ने इस मामले पर विचार किया। उन्हें यह नीतिसंगत मालूम होता है कि ख़ालाजान को माहवार खर्च दिया जाए। हमारा विचार है कि ख़ाला की जायदाद

से इतना मुनाफ़ा अवश्य होता है कि उन्हें माहवार ख़र्च दिया जा सके। बस, यही पंचों का फ़ैसला है। मगर जुम्मन को खर्च देना मंज़ूर न हो तो दानपत्र *(हिब्बानामा)* रद्‌द समझा जाए।

(फ़ैसला सुनते ही लोगों की प्रतिक्रियाएँ)

रामधन मिश्र : *(जी खोलकर प्रशंसा)* इसका नाम पंचायत है। दूध का दूध, पानी का पानी कर दिया। दोस्ती, दोस्ती की जगह है भैया, मगर धर्म का पालन करना मुख्य है।

ग्रामीण 1 : दद्‌दा, ऐसे ही सत्यवादियों के बल पर पृथ्वी टिकी हुई है, वरना कब की रसातल को चली गई होती!

ख़ाला : *(आँसू पोंछती हुई)* जुग-जुग जियो अलगू बेटा! खुदा की रहमत तुझ पर बनी रहे!

जुम्मन : *(सकते में स्वतः)* दोस्त! दुश्मन हो गया? उसी ने गले पर छुरी रख दी? यही अलगू कुछ देर पहले साथ बैठा कैसी अपनापे की बातें कर रहा था और सरपंच बनते ही कायापलट हो गई? जाने कब की कसर निकाली है इसने कि मेरी ही जड़ें खोदने पर उतर आया? कपटी, धोखेबाज़! कोई बात नहीं अलगू, कभी तो ऊँट आएगा पहाड़ के नीचे, तब देखूँगा तुझे!

(संगीत–लोकधुन)

(दृश्यान्तर)

4

(रास्ते में दो बैलगाड़ियाँ संग चली जा रही हैं। चक्कों की चर्रमर्र गूँजती है)

ग्रामीण 3 : ऐऽऽऐ, सुस्ती चढ़ रही का सालो? *(बैलों पर सन्टी चलाता है, फिर तालू से ज़बान जोड़ पुचकारता है।)* टुक, टुक, टुक! ऽ समझू दद्‌दा, गाड़ी में नया बैल जोते हो?

समझू साहू : *(ठंडे स्वर में)* हाँ, रे पियरवा, बैल तो नया ही खरीदा है।

ग्रामीण 3 : *(उत्साह से)* बैल तो कर्रा छपाही है। कहाँ मिल गया इतना हृष्ट-पुष्ट बैल, समझू दद्दा?

समझू साहू : अलगू से खरीदा है। महीने-भर में दाम चुकाने की शर्त पर।

ग्रामीण 3 : कौन अलगू? अरे वही तो नहीं दद्दा, जो तुम्हारे गाँव में जुम्मन की ख़ाला की पंचायत में सरपंच बना था?

समझू साहू : 'हें, हें टुक, टुक *(बैल को नियन्त्रित करते हुए)* हाँ, वही। उसी पंचायत के महीने-भर बाद उसकी जोड़ी का एक बैल मर गया। सच तो भगवान जानें, मगर कहते सब यही हैं पियरवा, जुम्मन ने बैल को विष दे दिया था।

ग्रामीण 3 : *(विस्मय से)* का कहते हो समझू दद्दा!

समझू साहू : अलगू भी दबी ज़बान से यही कह रहा। अलगू की घरवाली चौधराइन और जुम्मन की घरवाली करीमन में इसी बात को लेकर जम के महाभारत हुआ है।

ग्रामीण 3 : च, च, च, कैसा ज़माना आ गया, दद्दा!

समझू साहू : इसका जोड़ बहुत ढूँढ़ा था अलगू ने, जब न मिला तो निरुपाय मुझे बेच दिया। बैल देखते ही मेरा मन बड़ा ललचाया। विचार किया। ये बैल हाथ लग जाए तो दिन भर में, बेखटके मंडी के तीन खेप हों। सो खरीद लिया।

ग्रामीण 3 : *(विदा लेते हुए)* हमार गाँव तो आ गया समझू दद्दा! चलते हैं। राम, राम!

(ग्रामीण-3 की बैलगाड़ी अपने गाँव की ओर मुड़ जाती है)

समझू साहू : राम, राम पियरवा! *(बैल की सुस्ती पर चिढ़कर)* तू सुस्त क्यों हो रहा बे? ऐसे मटरा रहा जैसे न्यौते में कहीं जा रहा हो! अभी चार कोस का रास्ता पड़ा हुआ है और चौथी खेप मंडी से लानी है। ऐसे मटराएगा तो हो गई समझू साहू की गल्लेदारी! हे ऽऽऽ हुर्र, हुर्र, *(सटाक्-सटाक् निर्दयता से संटी चलाता है। धचक-हिचकोले खाती हुई गाड़ी अचानक बैल के नीचे गिरते ही रुक जाती है। गाड़ी*

में लदे घी के पीपे लुढ़कने लगते हैं। समझू बौखला उठता है) सत्यानाशी, सैकड़ों का नुकसान कर दिया। अब आँखें उलट मुँह से फेचुकुर काहे निकाल रहा? *(संटी से बेतहाशा पीटता है)* उठ, उठता क्यों नहीं! उठ नहीं तो नथुनों में लाठी घुसेड़ दूँगा। *(बैल का छटपटाता आर्त स्वर)* ससुरा बीच रास्ते में ही मर रहा, मरना था तो घर पहुँचकर मरता न!

अरे, ये तो सचमुच मर गया? अब गाड़ी कौन खींचेगा? दूर-दूर तक कोई सहायता को नहीं दिखता। टेंट में दो-ढाई सौ रुपये बँधे हैं। गाड़ी पर घी-नमक लदा है। गाड़ी छोड़कर घर जाना सम्भव नहीं।

यहीं रात बितानी होगी, गाड़ी के पास, कोई उपाय नहीं...

(सिर की पगड़ी खोल गाड़ी के पास ही सो जाता है)

(संगीत–लोकधुन)

(दृश्यान्तर)

5

(समझू साहू के दरवाज़े पर अलगू उसे पुकारता है)

अलगू : समझू साहू हैं घर पर?

समझू साहू : *(किवाड़ खोलकर)* अरे अलगू, कैसे आना हुआ?

अलगू : मेरे आने का मक़सद तुम ज़रूर समझ गए होगे। आज कई महीने होने को आए और तुमने अब तक बैल का दाम, डेढ़ सौ रुपये नहीं चुकाए!

सहुआइन : *(घर के भीतर से)* ऐसा कुलच्छनी बैल दिया कि जन्म-भर की कमाई लुट गई।

अलगू : क्या मतलब है तुम्हारा सहुआइन?

समझू साहू : *(बाहर आकर ऐंठते हुए)* मतलब बहुत साफ़ है। यहाँ सारे ज़माने की कमाई लुट गई। सत्यानाश हो गया। तुम्हें दामों की पड़ी है?

अलगू : मैंने तो तन्दुरुस्त छिपाही बैल दिया था!

समझू साहू : मुर्दा बैल दिया था। दाम माँगते लाज नहीं आती? सत्यानाशी बैल गले में बाँध, आँखों में धूल झोंकने की कोशिश की है तुमने। मूरख बनाया हमें। मगर हम ऐसे बुद्धू नहीं। बनिया हैं बनिया। पहले जाकर किसी गड़हे में मुँह धो आओ, तब लेना दाम बैल का!

न जी मानता हो तो हमारा बैल खोल ले जाओ। महीना-भर के बदले दो महीना जोत लो। और क्या लोगे?

अलगू : भैया, मुझे तो बैल का दाम ही चाहिए।

समझू साहू : *(व्यंग्य से)* दाम तो नहीं मिलने का।

अलगू : *(तनिक उग्र होकर)* देखो समझू भैया, मेरा डेढ़ सौ रुपया तुम ऐसे हज़म नहीं कर सकते!

समझू साहू : तुमने मुर्दा बैल मेरे गले बाँधा था।

अलगू : पूरा गाँव जानता है वह मुर्दा बैल नहीं था।

समझू साहू : हुँह, गाँव वालों ने गाड़ी में जोता था?

अलगू : तुम सरासर बेईमानी कर रहे हो मेरे साथ!

समझू साहू : *(चिल्लाकर)* बेईमानी तो तुमने की है मेरे साथ!

ग्रामीण 4 : अरे समझू भैया, आपस में लड़ काहे रहे हो?

समझू साहू : मुर्दा बैल देकर अब दाम माँगने आया है!

अलगू : *(क्रोध से)* देखो समझू भैया, मुझे गुस्सा मत दिलाओ?

समझू साहू : *(ताव खाकर)* का कर लोगे तुम?

अलगू : दिखा दें?

समझू साहू : बड़े देखे तुम्हारे जैसे। एक लाठी पड़ेगी तो सारी हैकड़ी निकल जाएगी।

(दोनों गुत्थमगुत्था होने लगते हैं)

ग्रामीण 5 : काहे गुत्थम-गुत्था हो रहे भैया अलगू, छोड़ो, हटो!

ग्रामीण 6 : अरे समझू, छोड़ो, छोड़ो, लड़ने से थोड़े ही तुम्हें न्याय मिलेगा। ऐसा करो, तुम लोग निपटारे के लिए पंचायत बुला लो।

ग्रामीण 5 : हाँ भैया, इसका फ़ैसला पंचों से ही करवा लो।

समझू साहू : *(हाँफते हुए)* ठीक है, मुझे मंजूर है।

ग्रामीण 5 : और अलगू तुम्हें?

अलगू : *(हाँफते हुए)* मुझे भी मंजूर है।

(संगीत–लोकधुन)

(दृश्यान्तर)

6

(पेड़ के नीचे पंचायत का जमावड़ा। पक्षियों की चहक। हुक्के की 'गुड़', 'गुड़'। आपसी जुहार। बतकहियों के मिले-जुले स्वर)

रामधन मिश्र : गाँव-जवार जुड़ गया है, अब देरी कैसी? पंचों का चुनाव हो जाना चाहिए। बोलो अलगू चौधरी, किस-किस को पंच बदते हो?

अलगू : समझू साहू ही चुन लें।

समझू साहू : *(खड़े हो कड़क स्वर में)* पंच पिछली पंचायत के ही रहेंगे। जुम्मन शेख़ को मैं सरपंच बदता हूँ।

अलगू : *(चिन्तित हो स्वतः)* अब तो अपना बदला जुम्मन मुझसे ज़रूर लेकर रहेगा। ख़ालावाली पंचायत के बाद से ही जान का दुश्मन बना बैठा है!

रामधन मिश्र : क्यों चौधरी, तुम्हें कोई उज्र तो नहीं?

अलगू : *(निःश्वास छोड़कर)* नहीं, रामधन, मुझे कोई उज्र नहीं।

रामधन मिश्र : तो भैया पंचायत शुरू हो, सब शान्त होकर बैठ जाएँ!

पंच 1 : समझू साहू, तुमने अलगू चौधरी से बैल लिया था?

समझू साहू : लिया था।

पंच 2 : तुमने यह वायदा किया था कि बैल का दाम महीने-भर में चुका दोगे?

समझू साहू : सही है।

पंच 1 : वायदा करके तुमने बैल का दाम क्यों नहीं चुकाया?

समझू साहू : अलगू ने मुझे ठग लिया। बीमार बैल दिया।

अलगू : *(बीच में)* पंच महोदय, यह सरासर झूठ है। सारा गाँव जानता है मैंने समझू साहू को एकदम तन्दुरुस्त बैल बेचा था!

समझू साहू : *(गरजकर)* अलगू झूठा है, झूठ बोल रहा है पंच महोदय!

पंच 1 : *(डाँटते हुए)* बीच में न बोलो समझू साहू! हाँ तो अलगू, तुम्हारे कितने रुपये बकाया हैं समझू साहू पर?

अलगू : *(शान्त भाव से)* डेढ़ सौ रुपये।

पंच 2 : समझू साहू, तुम रोज़ मंडी के कितने खेप लगाते थे?

समझू साहू : एक खेप।

पंच 2 : अलगू से उसका बैल खरीदने के बाद कितनी खेप लगाते थे?

समझू साहू : दो या तीन।

पंच 2 : मंडी नज़दीक नहीं। तुम बैल को चारा कब डालते थे?

समझू साहू : सुबह मंडी जाने से पहले और रात में—लौटने के बाद।

पंच 2 : और पूरे दिन बैल को बिना कुछ चारा-पानी दिए हाँकते रहते थे?

समझू साहू : *(तिक्त भाव से)* रात को तो भरपेट चारा-पानी खाता ही था।

पंच 2 : जिस दिन बैल मरा, उस दिन कितनी खेप मारी थीं?

समझू साहू : दूसरी खेप।

पंच 1 : झूठ कह रहे हो। शिवपुर गाँव के पियरवा गाड़ीवान ने बताया कि उस दिन तुम्हारी तीसरी खेप थी और चौथी तुम मारने वाले थे। बैल जानवर है मगर जानवर को भी विश्राम की ज़रूरत होती है?

(पंचों में आपसी उत्तेजना)

पंच 4 : *(समझू की पक्षधरता करते हुए)* बैल मर जाने से समझू साहू को हानि हुई है। इसलिए इस मामले में उसे रियायत दी जाए।

पंच 1 : *(विरोध करते हुए)* समझू साहू ने अलगू चौधरी के साथ

ही वायदाखिलाफी नहीं की, पशु के साथ निर्दयता करने का भी दुस्साहस किया है। उसे दंडित किया जाना चाहिए।

(पुनः उत्तेजना)

जुम्मन : *(लोगों को शान्त रहने की गुज़ारिश करते हुए)* भाइयो, शान्त हो जाइए और ध्यान से सुनिए। अलगू चौधरी और समझू साहू! पंचों ने तुम्हारे मामले पर अच्छी तरह विचार किया है। समझू साहू के लिए उचित है कि वह अलगू चौधरी को उसके बैल का पूरा दाम दे। जिस वक्त उन्होंने बैल लिया, उसे कोई बीमारी नहीं थी। बैल की मृत्यु केवल इस कारण हुई कि उससे बड़ा कठिन परिश्रम लिया गया और उसके दाने-चारे का कोई अच्छा प्रबन्ध नहीं किया गया। यह अलगू चौधरी की इच्छा पर निर्भर है। वह कोई रियायत करें तो यह उनकी भलमनसी!

अलगू : *(खुशी से भीगकर)* पंच परमेश्वर की जय!

(चारों ओर से आवाज़ें आती हैं–'पंच परमेश्वर की जय! पंच परमेश्वर की जय!')

अलगू : *(भीगे स्वर में)* जुम्मन...मेरा यार!

जुम्मन : *(भावुक होकर)* अलगू, मेरा दोस्त, मेरा साया–आ पहले गले मिल। जब से तुमने मेरी पंचायत की थी, तब से मैं तुम्हारा प्राणघातक दुश्मन बन गया था। पर आज मुझे एहसास हुआ, पंच के पद पर बैठकर न कोई किसी का दोस्त होता है न दुश्मन! न्याय के सिवा उसे कुछ नहीं सूझता। आज मुझे विश्वास हो गया, पंच की ज़ुबान से ख़ुदा बोलता है...

अलगू : *(रोते हुए)* हम खुदा से मिल लिए जुम्मन, अब हम कभी अलग न होंगे, कभी अलग न होंगे...

(संगीत–उल्लास बिखेरता)

हिंसा परमोधर्मः

स्थान : गाँव। जामिद का घर। शहर के रास्ते। मन्दिर का प्रांगण। क़ाज़ी जोरावर हुसैन का घर। औरत का घर।

पात्र

जामिद : भोला-भाला इंसान। दूसरों की मदद करनेवाला (30 वर्ष)
गफ़ूर : गाँव का रहवासी (55 वर्ष)
रामेश्वर : (65 वर्ष)
पुलिस 1 : क्रूर (40 वर्ष)
गोविन्द : जामिद का सखा (30 वर्ष)
सूर्यनाथ : मन्दिर का पुजारी (50 वर्ष)
प्रभाकर : मन्दिर का पुजारी (41 वर्ष)
श्रीधर : मन्दिर का पुजारी (41 वर्ष)
युवक 1 : (30 वर्ष)
युवक 2 : क्रूर (40 वर्ष)
बूढ़ा : (60 वर्ष)
कई लोग : अलग-अलग उम्र के, वे कई पात्रों की भूमिका करेंगे, फिर एक हो जाएँगे
पुलिस 2 :
क़ाज़ी : कुटिल (50 वर्ष)
ताँगेवाला 1 : (35 वर्ष)
ताँगेवाला 2 : (35 वर्ष)
पण्डित राजकुमार : (35 वर्ष)
औरत : पंडित जी की पत्नी (30 वर्ष)
भक्त-1 : 1, 2, 3, 4

1

(गाँव की गहमागहमी। गफ़ूर मियाँ पीठ पर मन-भर चावल का बोरा लादे हुए चले आ रहे हैं। उनसे चला नहीं जा रहा। सहसा उनकी निगाह जामिद पर पड़ती है।)

गफ़ूर : *(बोझ से हाँफते हुए)* हुँह, हुँह, हुँह, हुँह! अरे बेटा जामिद, ओ बेटा जामिद?

जामिद : क्या है चचा, आपने हमें बुलाया?

गफ़ूर : *(विनीत स्वर में)* बेटा, कमर में लोच आ गई है, कमबख्त यह चावल का बोरा मुझसे उठाया नहीं जा रहा, क्या तुम इसे घर पहुँचा दोगे?

जामिद : क्यों नहीं चचा, अभी पहुँचाए देता हूँ। लाओ, बोरा मेरी पीठ पर लदा दो। अँ ऽऽऽ हाँ, मन-भर से कम न होगा वज़न चचा!

(गफ़ूर मियाँ बोरा जामिद की पीठ पर लादते हैं)

बोरा थोड़ा-सा ऊपर उचका दो चचा, हाँ बस, अब ठीक है।

गफ़ूर : कमर में लोच ऐसे थोड़े ही आ गई बेटा! ये तो कहो तुम दिख गए, खुदा की रहमत!

(तभी रामेश्वर जामिद को पुकारता है)

रामेश्वर : जामिद बेटा, यह पीठ पर इतना भारी बोरा लादे हुए तुम कहाँ जा रहे हो?

जामिद : *(बोझ से आक्रान्त स्वर में)* गफ़ूर चचा की कमर में लोच आ गई है रामेश्वर काका! उनसे बोरा उठाया नहीं जा रहा। इसलिए बोरा मैं उनके घर पहुँचाने जा रहा हूँ।

रामेश्वर : बोरा पहुँचाकर ज़रा मेरे घर आओगे बेटा? बड़ी देर से तुम्हें खोज रहा हूँ।

जामिद : क्यों, क्या बात है काका?

रामेश्वर : पोते को जूड़ी चढ़ी है। कम्बल में लपेट के ले जाना होगा वैद्य जी को दिखाने। मैं तो उठा नहीं पाऊँगा। तेरा ही भरोसा है बेटा।

जामिद : घर के लोग सब कहाँ गए काका?

रामेश्वर : वही तो रोना है। सब ईंट-भट्ठे पर मजूरी को गए हैं।

जामिद : चिन्ता न करो काका, तुम घर पहुँचो! गफ़ूर चचा का बोरा पहुँचाकर, मैं बस अभी आया।

गफ़ूर : तुम कितने दयालू हो बेटा, सबका ख़्याल रखते हो।

जामिद : एक दूसरे की मदद करना इंसानियत का तक़ाज़ा है चचा! करनी ही चाहिए। ये, ये शोर कैसा? वो उधर...?

(शोर सुन जामिद का ध्यान उधर जाता है। पुलिसवाला बेरहमी से किसी को पीट रहा है)

(बात अधूरी छोड़) पुलिसवाला पीट क्यों रहा है उस आदमी को? *(बोरा 'लद्द' से ज़मीन पर गिरा)* चचा, आप बोरे के पास खड़े रहिए, मैं ज़रा देखकर आता हूँ, मामला क्या है!

पुलिस 1 : दूँगा चार डंडे तो सारी हेकड़ी निकल जाएगी स्साले? सीधे-सीधे थाने चला चल। चल?

युवक 1 : *(गिड़गिड़ाते हुए)* प, प, मेरी कोई गलती नहीं है हुजूर! यकीन करें।

पुलिस 1 : बदमाश, मुझे पट्टी पढ़ा रहा? चोरी, ऊपर से सीनाज़ोरी! तेरी गलती नहीं तो फिर किसकी गलती है—बोल?

(थप्पड़ मारता है)

युवक 1 : *(रोते हुए)* मुझ पर यकीन कीजिए हुजूर, मैं झूठ नहीं बोल रहा।

जामिद : *(हस्तक्षेप कर)* क्या बात है साहब, क्यों इस गरीब को पीट रहे?

पुलिस 1 : इसकी गाय पलटन बाबू की दो कट्टा फसल चर गई है।

युवक 1 : गलत है साहब! पल्टन बाबू झूठ बोल रहे। मेरी गाय तो हमेशा खूँटे से बँधी रहती है।

पुलिस 1 : फिर झूठ बोल रहा? दूँ एक चढ़ाकर?

जामिद : नहीं साहब, ननकुआ सच बोल रहा है। मैंने भी देखा है, इसकी गाय हमेशा खूँटे से बँधी रहती है। किसी और की गाय पलटन बाबू का खेत चर गई होगी।

पुलिस 1 : तो क्या जिमींदार साहब झूठ बोलेंगे?

जामिद : हो सकता है जिमींदार साहब झूठ बोल रहे हों?

पुलिस 1 : तुम बीच में मत पड़ो, नहीं तो तुम्हें भी लगाऊँगा दो डंडे और ले जाकर थाने में ठूँस दूँगा।

जामिद : फिर भी मैं कहूँगा, जिमींदार साहब ननकुआ पर झूठा इल्ज़ाम लगा रहे हैं।

पुलिस 1 : जाते हो या लगाऊँ दो डंडे? बड़ा आया तरफ़दारी करने!

जामिद : जाता हूँ, जाता हूँ। मगर याद रखना, गरीब की बद्दुआ से न बच पाओगे साहब!

(गफ़ूर के पास आकर)

करे कोई, भरे कोई, अजीब चलन है दुनिया का। लाओ, पीठ पर बोरा लदवा दो चचा!

गफ़ूर : *(बोरा लदाते हुए)* ह आ ऽऽ, ये लो। पकड़ लिया ठीक से?

जामिद : हाँ चचा, चलो!

गफ़ूर : क्या हुआ था बेटा? पुलिसवाला क्यों मार रहा था उस आदमी को?

जामिद : चचा, वो तो गरीब ननकुआ था? झूठ-मूठ का इल्ज़ाम लगा रहे थे उस पर कि उसकी गाय पल्टन बाबू की फसल चर गई! मैंने ननकुआ की तरफदारी की, तो सिपाही मुझ-पर गुर्राने लगा। डंडा ले मेरे पीछे दौड़ा।

गफ़ूर : *(निःश्वास भरकर)* जिसकी लाठी, उसकी भैंस! सच्चाई का ज़माना नहीं रहा बेटा! घर आने को है। ज़रा क़दम तेज़ कर लो बेटा! रामेश्वर के पोते को वैद्य जी को दिखाने भी तो ले जाना है तुमको?

जामिद : *(हाँफते हुए)* क्या करूँ चचा, किसी का दुख नहीं देखा जाता मुझसे। न किसी पर ज़ुल्म होता।

गफ़ूर : सो तो सही है!

जामिद : लो चचा, तुम्हारा घर आ गया। बोरा कहाँ रख दूँ?

गफ़ूर : यही देहरी के पास धर दे। बच्चे उठा ले जाएँगे।

जामिद : *(बोरा 'धड़ाम' से गिरने की आवाज़)* ख़ुदा हाफ़िज़ गफ़ूर चचा!

गफ़ूर : ख़ुदा हाफ़िज़!

(संगीत)

(दृश्यान्तर)

2

(जामिद की कोठरी में उसका मित्र गोविन्द आता है। झींगुरों की झियाँ सुनाई पड़ रही है)

गोविन्द : अरे जामिद मियाँ, कैसे हो तुम? सुबह से दो चक्कर लगा चुका हूँ तुम्हारी कोठरी के, किन चकल्लसों में फँसे रहते हो?

जामिद : क्या बताएँ गोविन्द भैया! पूरा दिन भागा-दौड़ी में बीता।

गोविन्द : कुछ खाया?

जामिद : *(मौन)*

गोविन्द : मैं कुछ पूछ रहा हूँ जामिद मियाँ, कुछ खाया?

जामिद : क्या खाता, घर में कुछ है ही नहीं...

गोविन्द : *(चिढ़कर)* जिनके काम के पीछे दिन-भर दौड़ते-भटकते रहते हो, उन्हें तुम्हारे खाने की चिन्ता नहीं होती?

जामिद : कभी-कभी कोई खिला देता है!

गोविन्द : *(व्यंग्य से)* जामिद मियाँ, पेट को केवल कभी-कभी भूख

नहीं लगती? तनिक अपने बारे में भी तो कुछ सोचा करो?

जामिद : *(विस्मय से)* अपने बारे में?

गोविन्द : हाँ, हाँ, अपने बारे में! क्यों अपना जीवन दूसरों के पीछे नष्ट कर रहे हो?

जामिद : गोविन्द भैया, मैं तो लोगों की मदद करता हूँ!

गोविन्द : मदद करना अच्छी बात है जामिद मियाँ! पर तुम, तुम लोगों के बेदाम के गुलाम हो। तुमसे बेगार कराने में लोगों को मज़ा आता है।

जामिद : भलाई का बदला तो भलाई से ही मिलता है।

गोविन्द : कभी मिलता था। अब नहीं। देख लेना, जिस दिन तुम बीमार पड़ोगे, तुम्हें कोई चुल्लू-भर पानी को न पूछेगा। जब तक दूसरों की सेवा करते रहोगे, खैरात समझ कर लोग कभी-कभार खाने को दे देंगे। जिस दिन आ पड़ेगी, कोई सीधे मुँह बात भी न करेगा?

जामिद : *(उदास होकर)* अगर ऐसी बात है गोविन्द भैया, तो फिर क्या करूँ?

गोविन्द : सोचो?

जामिद : दिमाग़ नहीं चलता। तुम्हीं सुझाओ। कहो तो काम-धाम की तलाश में शहर चला जाऊँ? सुना है शहर में मजूरी अच्छी मिलती है?

गोविन्द : मैं तो कहता हूँ जामिद, तुम बिल्कुल ठीक सोच रहे हो। चलो, मेरे घर चलकर कुछ खा लो। उठो, उठो, उठो न!

(संगीत)

(दृश्यान्तर)

3

(सड़कों पर मोटरगाड़ी और बग्घियों का शोर। कहीं मसजिद से नमाज़ का स्वर उठ रहा है तो कहीं मन्दिर से भजन का)

जामिद : *(विस्मय से स्वतः)* बाप रे बाप! कितने ऊँचे-ऊँचे मकान

हैं यहाँ! सड़कें कितनी चौड़ी और साफ़! मन्दिर-मसजिदों की कमी नहीं। लोग भी कैसे साफ़-सुथरे देवता जैसे मालूम होते हैं! हों भी क्यों नहीं, शहर जो है! ये लोग ईमान के कितने पक्के और सत्यवादी लगते हैं। इनमें कितनी दया, ममता, प्रेम है—तभी तो खुदा ने इन्हें माना है। आखिर, इतने बड़े शहर में अब मैं कहाँ जाऊँ? या खुदा, तू ही कोई राह दिखा! अरे हाँ, इसी मन्दिर के चबूतरे पर थोड़ी देर आराम न कर लूँ? ओह, इतना भव्य मन्दिर और चबूतरे पर कितनी गन्दगी फैली हुई है? कोई साफ़ भी नहीं करता। झाड़ू भी तो आस-पास नहीं दिख रही! ऐसा न करूँ, अपने कुर्ते से बुहार दूँ?

(कुर्ते से जामिद चबूतरा बुहारता है। मन्दिर के पुजारी उसे देख लेते हैं)

सूर्यनाथ : अरे, ये कौन है प्रभाकर जी? अपने कुर्ते से ही मन्दिर के चबूतरे को झाड़ रहा है!

प्रभाकर : मुझे तो मुसलमान लगता है सूर्यनाथ जी!

श्रीधर : मेहतर होगा।

सूर्यनाथ : नहीं, नहीं श्रीधर जी, मेहतर अपने दामन से सफाई नहीं करता। कोई पागल मालूम होता है।

प्रभाकर : *(अस्फुट स्वर में)* कहीं उधर का भेदिया न हो?

श्रीधर : ना, ना, ना, चेहरे से तो बड़ा गरीब मालूम होता है।

सूर्यनाथ : हसन निज़ामी का कोई मुरीद होगा।

प्रभाकर : अजी, गोबर की लालच में सफाई कर रहा है। मुझे तो कोई भठियारा लगता है।

श्रीधर : *(चिल्लाकर)* अबे ओ ऽऽ, गोबर न ले जाना बे, समझा! कहाँ रहता है तू?

जामिद : परेदशी मुसाफ़िर हूँ, साहब! मुझे गोबर लेकर क्या करना है। ठाकुर जी का मन्दिर देखा, तो आकर बैठ गया। कूड़ा पड़ा हुआ था। मैंने सोचा, धर्मात्मा लोग आते होंगे। क्यों

न सफाई कर दूँ। सो सफाई करने लगा।

प्रभाकर : तुम तो मुसलमान हो न?

जामिद : ठाकुर जी तो सबके ठाकुर जी हैं...क्या हिन्दू, क्या मुसलमान!

सूर्यनाथ : तुम ठाकुर जी को मानते हो?

जामिद : ठाकुर जी को कौन न मानेगा साहब! जिसने पैदा किया, उसे न मानूँगा तो किसे मानूँगा?

(प्रभाकर, श्रीधर, सूर्यनाथ आपस में सलाह करते हैं)

श्रीधर : देहाती है!

प्रभाकर : शक्ल से ही निरीह मालूम होता है। मुसलमान है तो क्या हुआ?

सूर्यनाथ : क्या सोचते हो?

प्रभाकर : फाँस लेना चाहिए, जाने न पाए।

सूर्यनाथ : *(पुकारकर)* सुना भाई, क्या नाम है तुम्हारा?

जामिद : जामिद।

सूर्यनाथ : जामिद, अगर तुम ठाकुर जी को मानते हो, तो इस शहर में और कहाँ भटकते फिरोगे? यहीं रहो।

जामिद : यहीं? इस मन्दिर में? पर मैं तो नौकरी करने निकला हूँ!

सूर्यनाथ : नौकरी की चिन्ता छोड़ो। फिर ठाकुर जी की नौकरी से बढ़कर कोई नौकरी क्या होगी! यहीं देवताओं की सेवा-सत्कार करो।

श्रीधर : हम तुम्हें यहीं एक हवादार मकान दे देंगे रहने के लिए।

जामिद : *(विस्मय से)* हवादार मकान?

सूर्यनाथ : हाँ, हाँ, हवादार मकान। सुबह-शाम मन्दिर की देखभाल करो। उत्तम भोजन मिलेगा, पहनने को उत्तम कपड़ा! आराम से रहो।

जामिद : *(अवाक् हो)* उत्तम भोजन! आप लोग कितने अच्छे हैं! देवता-तुल्य इंसान हैं! मुझे सब मंजूर है।

(संगीत)

(दृश्यान्तर)

4

(ज़ोर-ज़ोर से घंटे-घड़ियाल बजने की ध्वनि। श्लोकों का सस्वर पाठ। फिर आरती। 'त्वमेव माता च पिता त्वमेव...त्वमेव सर्वम् मम देवं देव')

सूर्यनाथ : जामिद भाई, आज से अब हम आपको भगत जी कहकर पुकारेंगे। आपकी शुद्धि भी हो गई। दाढ़ी और बाल भी कट गए। बड़े भव्य लग रहे हैं आप पीली धोती में।

प्रभाकर : लीजिए भगत जी, भक्तों को अपने हाथ से प्रसाद बाँटिए।

जामिद : *(विह्वल कंठ से)* सचमुच आप लोग कितने उदार और धर्मनिष्ठ हैं। कितने सज्जन हैं। मुझ जैसे फटेहाल परदेशी की इतनी ख़ातिर! इसी को सच्चा धर्म कहते हैं।

सूर्यनाथ : भगत जी, ये तो आपका बड़प्पन है।

जामिद : नहीं सूर्यनाथ जी, बड़प्पन तो आप सब लोगों का है। आज तक मुझे इतना सम्मान कभी नहीं मिला। गाँव में तो सभी मुझे बौड़म कहते थे। वहाँ भी 'सत्यनायाण' की कथा में मैं बराबर बैठा करता था। भजन-कीर्तन किया करता था। मगर...

(भक्त लपक-लपककर उससे प्रसाद माँगते हैं–भक्त 1. 'भगत जी, हमें प्रसाद दीजिए।' भक्त 2. 'भगत जी, हमें भी' भक्त 3. 'भगत जी, अपने मधुर कंठ से एक भजन सुना दीजिए। वही वाला–तेरे पूजन को भगवान, बना मन मन्दिर आलीशान')

सूर्यनाथ : श्रीधर जी, शेष भक्तों को प्रसाद आप बाँट दीजिए। भक्तजन भगत जी से भजन सुनने के इच्छुक हैं! भगत जी, आसन ग्रहण कीजिए!

भक्तगण, एक और सुखद सूचना आप लोगों को देनी है। आज गुरु पूर्णिमा के पावन अवसर पर, सँझा को आरती के पश्चात् भगत जी का गुरु की महिमा पर ओजस्वी प्रवचन होगा। आप सब उन्हें सुनने अवश्य पधारें!

अब आप सब उनसे भजन सुनिए!

(खड़ताल और मंजीरे खनक उठते हैं। आँखें मूँद जामिद सुर साधता है)

जामिद : *(मग्न हो)* ऊँ, ऊँ ऽऽऽ 'मैया मोरी, मैं नहिं माखन खायो, ओ मैया मोरी, मैं नहिं माखन खायो। भोर भयो गइन के पीछे...मधुबन मोहे पठायो, ओ मैया मोरी मैं...'

(संगीत)

(दृश्यान्तर)

5

(गुरु की महिमा को रेखांकित करते हुए जामिद भक्तों के समक्ष एक दोहा उद्धृत करता है)

जामिद : *(ओजस्वी स्वर में)* 'गुरु गोविन्द दोनों खड़े, काके लागूँ पाँय, बलिहारी गुरु आपने, जिन गोविन्द दिया मिलाय!' देखा आपने गुरु की महिमा! गुरु की महिमा अपरम्पार है। गुरु ही ज्ञान है, गुरु विवेक है, गुरु प्रकाश है, गुरु क्षमा है, गुरु सत्य है, गुरु अभय है, गुरु परमात्मा तक पहुँचने की कुँजी है। कुँजी नहीं है तो आपके अन्तर्मन का द्वार कैसे खुलेगा।

(अचानक बाहर शोरगुल होता है प्रवचन में व्यवधान उत्पन्न होता है। एक बूढ़े की चीत्कार सुनाई पड़ती है–'महाराज, मेरा कसूर माफ करो! गलती हो गई महाराज!')

(लात-घूँसों की ध्वनि) 'चुप रह म्लेच्छ कहीं के, तूने जान-बूझकर शैतानी की है!'

जामिद : *(चिन्तित स्वर में)* अरे! वह तिलकधारी युवक उस बूढ़े मियाँ को मार क्यों रहा है?

कई लोग : छोड़िए भगत जी, आप अपना प्रवचन जारी रखिए!

जामिद : कैसे जारी रख सकता हूँ जब बूढ़ा सामने ही पिट रहा हो?

भक्त : उस बूढ़े की ही गलती होगी महाराज!

जामिद : हो सकती है, लेकिन एक बूढ़े की गलती को, बजाय उस पर हाथ उठाने के—क्षमा भी तो किया जा सकता है? मैं खुद जाता हूँ उसे बचाने।

कई लोग : *(रोकने का प्रयत्न करते हैं)* महाराज, महाराज रुकिए, रुकिए भगत जी!

(सामने पहुँचकर)

जामिद : *(शान्त स्वर में)* क्यों भई, इस बूढ़े को क्यों मार रहे हो?

युवक 2 : मारते-मारते मैं इस बुढ्ढे खूसट की हड्डियाँ तोड़ दूँगा भगत जी!

जामिद : आख़िर इसका कसूर क्या है?

युवक 2 : कसूर? इसकी मुर्गी हमारे घर में घुस आई और उसने हमारा सारा घर गन्दा कर दिया।

जामिद : तो क्या इसने मुर्गी को सिखा दिया था—तुम्हारा घर गन्दा कर आए?

बूढ़ा : *(रोते हुए)* ख़ुदावन्द, मैं तो मुर्गियों को बराबर खाँचे में ढाँके रहता हूँ। जाने कैसे ग़फ़लत हो गई और उसमें से नामुराद एक निकल भागी!
क, कसूर माफ़ हो हुज़ूर, मारते-मारते अधमरा कर दिया इन्होंने!

युवक 2 : *(तमककर)* अभी तो बड़े पोले हाथ पड़े हैं। अब मारूँगा—खोद के गाड़ दूँगा।

जामिद : *(तनिक उग्र होकर)* खोद के गाड़ दोगे तिलकधारी जी तो तुम भी यों न खड़े रहोगे! समझ गए? अगर फिर हाथ उठाया तो अच्छा न होगा!

युवक 2 : *(उद्दंड होकर)* क्या कर लोगे तुम, अँ? यह मैंने एक थप्पड़ और लगाया!

(बूढ़ा दर्द से चीख़ उठता है)

जामिद : तुम्हें सबक़ सिखाना ही होगा।

(थप्पड़, लात, घूँसों की आवाज़ युवक के गले से गों, गों का कराहपूर्ण स्वर। भक्तों में शोर।)

प्रभाकर : *(उत्तेजित होकर)* अरे भैया, तुम लोग खड़े टुकुर-टुकुर तमाशा देख रहे हो? तुम्हारे सामने एक हिन्दू पिट रहा है, लज्जा नहीं आती!

कई लोग : मगर भगत जी को कैसे मारें?

प्रभाकर : भगत जी तो वह बाद में है—है तो म्लेच्छ? मारो, मारो स्साआ...

(गाली दबा लेता है)

(भीड़ में उत्तेजना फैल जाती है।—'तिलकधारी को मार रहा है? इसकी ये हिम्मत!'—'मारो, बड़ा आया अपनी बिरादरी की हिमायत करने!'—'हमने कौन चूड़ियाँ पहन रखी हैं—मारो, मारो ऽऽ')

सूर्यनाथ : आखिर दगा दे गया न?

श्रीधर : धत् तेरी जात की!

जामिद : *(कराहते हुए)* अरे, अरे-आ-आप लोग मुझे क्यों मार रहे हैं? प्रभाकर जी, आप भी?

प्रभाकर : हाँ, मैं भी! सच तो यह है—मलेच्छ से कभी भलाई की आशा नहीं रखनी चाहिए।

(जामिद दर्द से कराहता है)

सूर्यनाथ : कौआ, कौओं के साथ ही रहेगा। कमीना कमीनापन नहीं छोड़ सकता।

श्रीधर : इसे कोई पूछता न था। हमने मन्दिर में पनाह दी। सम्मान किया। पशु से आदमी बना दिया। फिर भी यह अपना न हुआ।

प्रभाकर : अपना कैसे होता। इनके तो धर्म का मूल ही यही है!

कई लोग : निकालो इसे मन्दिर से। अभी! इसी वक्त!

प्रत्युत्तर में कई लोग : हाँ, हाँ, निकालो इसे। देर किस बात की।

जामिद : *(गिड़गिड़ाकर)* मैं एहसान फरामोश नहीं हूँ। मुझे मत निकालो। मैंने कोई कसूर नहीं किया है। बूढ़े को अत्याचार

से बचाना कसूर है? *(लात, घूँसों से वार–'धम्म', 'धम्म')* आऽऽऽ आह!

प्रभाकर : उठाकर फेंक दो इसे सड़क भर!

(कुछ लोग जामिद को उठाते हैं और 'धम्म' से सड़क पर फेंक देते हैं)

(संगीत)

(दृश्यान्तर)

6

(सड़क पर एक ओर लुढ़के सो रहे जामिद को एक सिपाही डंडे से कोंचकर उठाता है)

पुलिस 2 : ये ऽऽऽ उठ्ठ, सड़क तेरे बाप की है *(या घर)* जो घोड़े बेचकर सो रहा है?

जामिद : जी, जी, मैं...

पुलिस 2 : क्या मिमिया रहा बकरे-सा! हाँ? क्या नाम है तेरा?

जामिद : नाम...नाम तो मैं अपना भूल गया था! अँ, जी, जामिद!

(तभी अज़ान का स्वर गूँजता है–'अल्ला हो ऽऽ)

पुलिस 2 : ठीक है ठीक, चल भाग यहाँ से।

(जामिद उठकर एक ओर को काँखते हुए चलने लगता है)

जामिद : *(स्वतः)* कहाँ जाऊँ? बदन दर्द से टूट रहा है! अज़ान सुनाई पड़ रहा है। चलूँ, चलकर मसजिद की सीढ़ियों पर ही थोड़ी देर आराम करूँ।

(अज़ान का स्वर क़रीब आने लगता है। तभी वही बूढ़ा जामिद के निकट आ मिज़ाजपुर्सी करता है जिसे रात उसने बचाया था)

बूढ़ा : *(चौंककर)* अरे भाई साहब आप? क़सम खुदा की, कल तुमने मेरी जान बचा दी। सुना, ज़ालिमों ने तुम्हें बुरी तरह पीटा?

जामिद : *(निःश्वास भरकर)* हाँ, इसी बात का तो ग़म है मुझे।

जिन लोगों ने मुझे इतना सम्मान दिया, उन्होंने ही मेरी ऐसी दुर्गति कर दी।

बूढ़ा : कल हम दोनों अकेले पड़ गए थे मियाँ! इसलिए दुश्मनों ने हमें पीट लिया। मैं तो निकल भागा, अब तक तुम कहाँ थे?

जामिद : यहीं, सड़क पर पड़ा रहा रात-भर!

बूढ़ा : क़ाज़ी साहब को बताया सारा क़िस्सा, तो रात-भर तुम्हारे लिए बहुत बेचैन रहे! कई लोगों को तुम्हारी तलाश में भेजा, मगर तुम न मिले। क़ाज़ी साहब तुमसे मिलने के लिए बेक़रार हो रहे हैं!

जामिद : मुझसे? आख़िर क्यों?

बूढ़ा : *(अस्फुट स्वर में)* शुक्र करो मियाँ, नमाज़ का वक़्त था। सब लोग मसजिद में थे, वरना एक हज़ार लठैत वहाँ पहुँच जाते!

जामिद : *(विस्मय से)* एक मुर्गी के कारण?

बूढ़ा : *(गुस्से से)* क़सम ख़ुदा की, क़ाज़ी साहब ने कहा है, आइन्दा अगर वह तिलकधारी लौंडा, तुम्हें ज़रा भी आँख दिखाए, तो सीधे मुझसे आकर कहना। हड्डी-पसली तुड़वा दी जाएगी उसकी। *(अस्फुट स्वर में)* आज मैं कुछ और मुर्गियाँ ख़रीदूँगा!
अरे देखो, बातें करते-करते हम क़ाज़ी जोरावर हुसैन के दरवाज़े पहुँच गए! आओ अन्दर, झिझक क्यों रहे तुम? *(पुकारकर)* क़ाज़ी साहब, क़ाज़ी साहब, जामिद आया है आपसे मिलने!

जामिद : *(भौंचक होकर)* मैं, मैं कहाँ...

क़ाज़ी : *(प्रसन्नता से)* जामिद! वल्लाह! तुम्हें कब से आँखें ढूँढ़ रही हैं। *(बाँहें पसार उसे गले से लगाकर)* अकेले जो तुमने काफ़िरों के दाँत खट्टे किए हैं—क्यों न करते? हैं तो मोमिन का खून!

बूढ़ा : अपनी आँखों देखा है मैंने इन्हें—उस तिलकधारी लौंडे

की बख़िया उधेड़ते।

क़ाज़ी : बताओ जामिद, काफ़िरों की हक़ीक़त क्या है? सुना है, सब के सब तुम्हारी शुद्धि करने जा रहे थे; मगर तुमने उनके मंसूबे पलट दिए?

जामिद : *(प्रतिवाद कर)* क़ाज़ी साहब, ऐसा मेरा कोई इरादा नहीं था!

क़ाज़ी : इरादा तो बरखुरदार, खुदा तय करते हैं। इस्लाम को ऐसे ही ख़ादिमों की ज़रूरत है। तुम जैसे दीनदारों से इस्लाम का नाम रोशन है।

बूढ़ा : *(खोपड़ी हिलाते हुए)* सही फ़रमाया आपने क़ाज़ी साहब!

क़ाज़ी : सुना है वे तुम्हारी शादी भी करने वाले थे? गलती यहीं हुई। तुमने महीने-भर तक सब्र नहीं किया। शादी हो जाने देते, तब मज़ा आता। एक नाज़नीन साथ लाते और दौलत मुफ्त। वल्लाह! तुमने उजलत कर दी। अब हमारे साथ ही रहो।

(कई लोगों का शोरगुल सुनाई पड़ता है–'क़ाज़ी साहब, सुना है–जामिद मियाँ आए हैं?–'कहाँ हैं जामिद मियाँ, उन्हें सामने तो लाइए! काफ़िरों के छक्के छुड़ानेवाला कोई मामूली आदमी तो हो नहीं सकता'–'उसे देखकर हमारा भी हौसला बुलन्द होगा!')

क़ाज़ी : ख़ामोश रहिए! आपको जामिद से मिलना है?

(सारे लोग–हाँ)

तो मिलिए साहब! ये रहा हमारा जामिद!

(सहमे खड़े जामिद को भीड़ की ओर उन्मुख कर)

(संगीत)

(दृश्यान्तर)

7

(जामिद बैठा हुआ क़ुरान का पाठ कर रहा है। उसके होंठ बुदबुदा रहे हैं। कुछ देर बाद क़ुरान बन्द कर देता है)

जामिद : चलता हूँ क़ाज़ी साहब! शब-बख़ैर!

क़ाज़ी : शब-बख़ैर

(तभी जामिद को क़ाज़ी साहब के घर के नीचे एक ताँगे के रुकने की आवाज़ सुनाई पड़ी है। वह अपने कमरे में जाता हुआ ठिठक जाता है)

जामिद : *(स्वतः)* इतनी रात गए ताँगे में भला कौन आया होगा! मुरीद होगा कोई क़ाज़ी साहब का। आते ही रहते हैं। क़ाज़ी साहब तो सोने चले गए हैं। चलकर ज़रा मैं ही देखूँ।

अरे, ताँगे में से औरत उतर रही है; इतनी रात गए? यहाँ?

(औरत नीचे उतरकर)

औरत : *(मकान की ओर देखते हुए)* यह तुम मुझे कहाँ ले आए हो ताँगेवाले? यह मेरे पति का मकान नहीं है!

ताँगेवाला 1 : हुज़ूर तो मानती ही नहीं। कहा था न, कुछ रोज़ पहले बाबू साहब ने मकान बदल लिया है! कह रहे थे आपको चिट्ठी लिखी है। हो सकता है न मिली हो। आपको लाने उन्होंने ही तो भेजा है। ऊपर चलिए, सामान लेकर मैं आ रहा हूँ।

औरत : *(संशय से)* पहले तुम उन्हें आवाज़ देकर नीचे बुलाओ।

ताँगेवाला : आवाज़ क्या दूँ! साहब आराम कर रहे होंगे। आराम में खलल पड़ेगा। बेफिक्र होकर ऊपर चलिए। चलिए न!

(बक्सा उठाने की खड़-खड़ और सीढ़ियाँ चढ़ने की आवाज़)

(दरवाज़े पर थाप देकर) हुज़ूर, दरवाज़ा खोलिए, आपकी बेगम साहिबा आ गईं।

(दरवाज़ा खुलता है)

औरत : *(स्वतः)* मैं आ रही हूँ ये जानते हुए...ये सो कैसे सकते हैं? *(प्रत्यक्ष)* ये मेरे पति का घर नहीं है ताँगेवाले–हटो, मुझे जाने दो!

क़ाज़ी : *(औरत का हाथ पकड़कर)* अरे ऽऽ, जाती कहाँ है? चल कमरे के भीतर!

औरत : *(चिल्लाकर)* तुम, तुम कौन हो? छोड़ो मेरा हाथ?

क़ाज़ी : छोड़ देंगे, छोड़ देंगे, पहले भीतर तो आओ। और सुनो, *(म्यान से तलवार खींचकर)* दुबारा चीख़ीं तो यह तलवार तुम्हारी गर्दन पर होगी।

औरत : *(कातर स्वर में)* क्या चाहते हो तुम लोग? मुझे यहाँ फँसाकर क्यूँ लाया गया है?

क़ाज़ी : पहले इत्मीनान से बैठ तो जाओ, सब मालूम हो जाएगा।

औरत : तुम तो मुझे कोई मौलवी मालूम होते हो? क्या तुम्हें खुदा ने यही सिखाया है। पराई बहू-बेटियों को ज़बर्दस्ती घर में बन्द कर, उनकी आबरू बिगाड़ो?

क़ाज़ी : *(अट्टहास भरकर)* हाँ, खुदा का यही हुक्म है। काफ़िरों से जिस तरह मुमकिन हो, इस्लाम के रास्ते पर लाया जाए। अगर खुशी से न आए, तो जबरन से लाया जाय।

औरत : इसी तरह अगर कोई तुम्हारी बहू-बेटी को बेआबरू करे तो?

क़ाज़ी : हो रहा है। जैसा तुम हमारे साथ करोगे, वैसा ही हम तुम्हारे साथ करेंगे। फिर, हम तो बेआबरू नहीं करते, सिर्फ अपने मज़हब में शामिल करते हैं। हिन्दू क़ौम ने तो हमें मिटा देने का बीड़ा उठाया हुआ है।

औरत : हो सकता है, दूषित विचारों के लोग इस तरह की संकीर्णता दिखा रहे हों, मगर अब भी कोई सच्चा हिन्दू इसे पसन्द नहीं करता।

क़ाज़ी : बेशक, पहले इस तरह की शरारत मुसलमान शोहदे किया करते थे। शरीफ़ लोग इन हरकतों को बुरा समझते थे

और अपने इमकान-भर रोकने की कोशिश करते थे। मगर अब, अब तो नज़ारा भी बदला हुआ है। मगर तुम, तुम इतना क्यों घबरा रही हो? तुम्हें यहाँ किसी बात की तकलीफ़ न होगी। मेरे यह नौजवान दोस्त जामिद, तुम्हारे सामने खड़े हुए हैं। इन्हीं के साथ तुम्हारा निकाह कर दिया जाएगा। बस, आराम से ज़िन्दगी के दिन बसर करना।

औरत : खैरियत इसी में है मौलवी साहब, मुझे यहाँ से जाने दीजिए...वरना मैं शोर मचा दूँगी। आगे जो कुछ घटेगा, उसके ज़िम्मेदार आप होंगे।

क़ाज़ी : ख़ामोश! अगर तुमने ज़बान खोली तो इतना समझ लो, तुम्हें जान से हाथ धोना पड़ेगा।

औरत : आबरू से बढ़कर जान नहीं है। ले लीजिए जान!

क़ाज़ी : क्यों नाहक़ ज़िद करती हो?

(लपककर औरत दरवाज़े का पल्ला खींचती है)

औरत : ये, ये दरवाज़ा क्यों नहीं खुल रहा?
(ज़ोर से भड़भड़ाती है) मैं कहती हूँ, दरवाज़ा खोलो?

क़ाज़ी : *(हँसकर)* कोई दरवाज़ा नहीं खोलने वाला। चलऽऽ इधर आ!

औरत : *(काँपती हुई)* छ, छोड़ दो मुझे! मुझे हाथ मत लगाना मौलवी साहब, हाथ मत लगाना?

(जामिद दरवाज़े को लात मारकर खोल देता है–'भड़ाक')

जामिद : इन्हें छोड़ दीजिए क़ाज़ी साहब!

क़ाज़ी : *(विस्मित होकर)* क्या बकता है?

जामिद : ख़ैरियत इसी में है, इन्हें छोड़ दीजिए।

क़ाज़ी : *(दाँत पीसकर)* तू पागल तो नहीं हो गया जामिद? जानता है, किससे बात कर रहा है?

जामिद : हाथ छोड़िए इस औरत का, नहीं तो मैं...

(क़ाज़ी को टंगड़ी मार फ़र्श पर 'धम्म' से गिरा देता है)

क़ाज़ी : आइ ऽ ऽ ऽ ऽ ऽ

(ताँगेवाला आगे बढ़कर उसका रास्ता रोकता है)

जामिद : तू भी रास्ते से हट जा ताँगेवाले, नहीं तो मैं तुझे भी दिखाता हूँ तेरी औक़ात!

(घुटने से ताँगेवाले के पेट में प्रहार करता है। ताँगेवाला भी 'धम्म' के साथ फ़र्श पर ढेर हो जाता है)

ताँगेवाला 1 : हाय रे ऽऽऽ आँते फाड़ दी मेरी ऽऽ

जामिद : *(जल्दी से)* आइए बहिन जी, जल्दी से निकलिए यहाँ से बाहर। घबराइए नहीं, मैं हूँ न साथ।

(संगीत)

(दृश्यान्तर)

8

(जामिद औरत से पूछता है)

जामिद : आपका घर किस मुहल्ले में है बहिन जी?

औरत : *(काँपती हुई आवाज़ में)* अहियागंज में।

जामिद : चलिए, मैं आपको पहुँचा आऊँ।

औरत : *(अवरुद्ध कंठ से)* भैया, इससे बड़ी मेहरबानी और क्या होगी! मैं आपकी इस नेकी को कभी न भूलूँगी। आज आपने मेरी आबरू की रक्षा न की होती, मैं कहीं की न रहती। आपने मेरी आँखें खोल दी हैं! आज मुझे एहसास हो गया है! अच्छे और बुरे सब जगह होते हैं। मेरे शौहर का नाम, पंडित राजकुमार है।

(सड़क पर आते हुए ताँगे को जामिद रोकता है)

जामिद : ऐ, ताँगेवाले भैया, ज़रा रुको!

ताँगेवाला 2 : कहाँ जाना है?

जामिद : अहियागंज। क्या लोगे?

ताँगेवाला 2 : चवन्नी दे दीजिएगा, बैठिए।

जामिद : चढ़िए बहिन जी! *(स्वयं भी उचककर बैठ जाता है)* हाँ, भैया ताँगेवाले, ज़रा तेज़ी से ले लो।

(ताँगा तेज़ी से बढ़ता है)

(संगीत)

(दृश्यान्तर)

9

(ताँगे से उतरकर पंडित राजकुमार जी के घर का दरवाज़ा जामिद थपकाता है)

जामिद : *(दरवाज़ा थपकाते हुए पुकारता है)* पंडित राजकुमार जी हैं? पंडित जी दरवाज़ा खोलिए!

(दरवाज़ा खुलता है)

पंडित राजकुमार : *(प्रसन्नता से)* इन्दिरा तुम! तुम कहाँ रह गई थीं? स्टेशन पर मैंने तुम्हें कितना खोजा, पर तुम कहीं न मिलीं। बस, एक गलती हो गई मुझसे। स्टेशन पहुँचने में थोड़ी देर हो गई। मुझे तो लगा इन्दिरा, तुम इस गाड़ी से आई ही नहीं हो।

लेकिन, घर आने में तुम्हें इतनी देर कैसे हो गई?

औरत : *(प्रकृतिस्थ होने की कोशिश कर)* बड़ी लम्बी कथा है पंडित जी! ज़रा दम ले लेने दो, बताती हूँ। बस, इतना समझ लो, आज अगर इस मुसलमान भाई ने अपनी जान पर खेलकर मेरी रक्षा न की होती, तो मेरी आबरू लुट गई होती।

पंडित राजकुमार : *(घबराकर)* आखिर बात क्या है? हुआ क्या?

औरत : स्टेशन पर मैं तुम्हें इधर-उधर खोज रही थी। तभी एक ताँगेवाले ने आकर कहा–मुझे आपके पति ने आपको लेने भेजा है। उनकी कुछ तबीयत ढीली है। घबराकर

मैं ताँगेवाले के साथ चल पड़ी।

पंडित राजकुमार : फिर?

औरत : वह ताँगेवाला मुझे तुम्हारे पास न लाकर एक मौलवी के घर ले गया। बहाना बनाकर कि तुमने घर बदल लिया है। वहाँ, मेरी आबरू पर हमला होने ही वाला था कि ऐन मौके पर इस मुसलमान भाई ने मुझे बचा लिया...

पंडित राजकुमार : क्या कह रही हो इन्दिरा?

औरत : *(अवरुद्ध कंठ से)* वही, जो सच है।

(पंडित राजकुमार भाव-विह्वल हो जामिद के हाथ अपनी हथेलियों में भर लेते हैं)

पंडित राजकुमार : भाई साहब!

जामिद : मुझे जामिद कहते हैं!

पंडित : जामिद भाई, शायद आपको मेरी बात बनावटी लगे, लेकिन यह सच है। मुझे आपके रूप में, इस समय अपने इष्टदेव के दर्शन हो रहे हैं। मेरी ज़बान में इतनी ताकत नहीं है कि मैं आपका शुक्रिया अदा कर सकूँ! आइए, बैठिए न!

जामिद : जी नहीं, अब मुझे इजाज़त दीजिए।

पंडित राजकुमार : मैं आपकी इस नेकी का क्या बदला दे सकता हूँ?

जामिद : दे तो सकते हैं!

पंडित : क्या, माँगिए?

जामिद : इस शरारत का बदला किसी गरीब मुसलमान से न लीजिएगा।
अब मुझे इजाज़त दें। जल्द-से-जल्द मुझे अपने गाँव पहुँचना है। जहाँ मज़हब का नाम, सहानुभूति, प्रेम और सौहार्द। अच्छा, ख़ुदा हाफ़िज़।

पंडित : *(दोनों हाथ जोड़कर)* राम-राम भैया, राम-राम!

(संगीत)

दुनिया का सबसे अनमोल रतन

स्थान : अरब प्रदेश का एक खुला मैदान, अरब के ही मीनोसबाद शहर में शहज़ादी दिलफ़रेब का दरबार, पहाड़ की चोटी तथा भारत का एक सीमावर्ती प्रदेश।

पात्र

दिलफ़िगार : प्रतिज्ञ आशिक़ (30 वर्ष)

दिलफ़रेब : मीनोसबाद की शहज़ादी। हुस्न की मलिका बुद्धिमती (22 वर्ष)

फ़क़ीर : अचानक प्रकट हो अदृश्य हो जानेवाला और दिलफ़िगार को राह सुझानेवाला (50 वर्ष)

कालाचोर : सैकड़ों की हत्या करनेवाला गुनहगार (35 वर्ष)

बच्चा : मासूम। कालाचोर का हृदय परिवर्तन करनेवाला (6 वर्ष)

सिपाही : अरब का (30 वर्ष)

भारतीय सैनिक : अपने देश पर खुशी-खुशी मर मिटनेवाला वीर योद्धा (30 वर्ष)

चोबदार : दिलफ़रेब के दरबार का प्रहरी (40 वर्ष)

बाँदी : शहज़ादी की सेविका (25 वर्ष)

क़ाज़ी : कालाचोर को सज़ा सुनानेवाला (50 वर्ष)

अजनबी : (35 वर्ष)

भीड़ :

1

(अरब का एक मैदान। अरबी संगीत की धुन के साथ दृश्य की शुरुआत)

दिलफ़िगार : *(अवरुद्ध कंठ से)* या खुदा मेरी मदद कर! अपने बन्दे की मुश्किलों को आसान कर! मेरे मौला, मेरे परवर दिगार...

(तभी चिमटा बजाता हुआ एक फ़क़ीर दिलफ़िगार के निकट आकर)

दिलफ़िगार : *(आँखें खोल)* कौन?

फ़क़ीर : ऐ इंसान, मैं हूँ, फ़क़ीर बाबा! तुझे तीन रोज़ से देख रहा हूँ, इसी कँटीली झाड़ी के पास बैठा तू किसी सोच में मशगूल है। आख़िर तुझे कौन-सा गम खाए जा रहा है?

दिलफ़िगार : *(विह्वल-सा)* मैं बड़ी मुश्किल में हूँ, फ़क़ीर बाबा!

फ़क़ीर : हुँअ, वह तो तुझे देखकर ही पता चल रहा है। क्या नाम है तेरा?

दिलफ़िगार : मुझे दिलफ़िगार कहते हैं।

फ़क़ीर : दिलफ़िगार! यानी, दिल का घायल! वाह! बहुत खूब! क्या किसी ने तेरे दिल को फ़िगार कर दिया है?

दिलफ़िगार : नहीं फ़क़ीर बाबा! उसने मेरे साथ बेवफ़ाई तो नहीं की मगर, अपने दिल में क़बूल करने से पहले मेरा कठिन इम्तहान लेना चाहती है।

फ़क़ीर : मुमकिन है। सच्चे आशिक़ों को हमेशा ही कठिन राहों से गुज़रना पड़ता है।

दिलफ़िगार : गुज़रने को मैं भी तैयार हूँ, पर वह राह मिले तब न!

फ़क़ीर : कैसी राह दिलफ़िगार?

दिलफ़िगार : दुनिया की सबसे अनमोल चीज़ तक पहुँचने की।

फ़क़ीर : सबसे अनमोल चीज़?

दिलफ़िगार : हाँ फ़क़ीर बाबा, मेरी मलका दिलफ़रेब को वही अनमोल चीज़ चाहिए!

फ़क़ीर : *(विस्मय से)* मीनोसबाद की शहज़ादी दिलफ़रेब? तू उसी हूर-ए-जन्नत का आशिक़ है?

दिलफ़िगार : हाँ, फ़क़ीर बाबा!

फ़क़ीर : *(अट्टहास करता है)* हा, हा, हा, हा...उसके आशिक़ों की कोई कमी नहीं।

दिलफ़िगार : जानता हूँ फ़क़ीर बाबा! पर मैं उन आशिक़ों में से नहीं, जो इत्र-फुलेल से बसकर और शानदार कपड़ों में सजकर, आशिक़ के वेश में माशूक़ियत का दम भरते हैं।

फ़क़ीर : तो?

दिलफ़िगार : मैं उन सीधे-सादे, भोले-भाले अपने को क़ुर्बान कर देने वाले आशिक़ों में से हूँ जो जंगल और पहाड़ों से सर टकराते हैं और फ़रियाद मचाते फिरते हैं।

फ़क़ीर : दिलफ़िगार, मुझे तो तू सच्चा आशिक़ लगता है।

दिलफ़िगार : इसी सच्चाई की परख करने के लिए ही तो दिलफ़रेब ने हमारे बीच गिरे हुए परदे के पीछे से कहा था—

(फ़्लैश बैक)

दिलफ़रेब : ऐ दिलफ़िगार! अगर तू मेरा सच्चा आशिक़ है तो जा और दुनिया की सबसे अनमोल चीज़ लेकर मेरे दरबार में हाज़िर हो। तभी मैं तुझे अपने दिल में जगह दूँगी। याद रख, अगर तुझे वह चीज़ न मिले तो ख़बरदार, इधर का रुख़ न करना। वरना मैं तुझे सूली पर चढ़वा दूँगी!

(फ़्लैश बैक समाप्त)

दिलफ़िगार : *(दुखी होकर)* मुझे तो हुस्न की मलिका की एक झलक भी न नसीब हुई।

फ़क़ीर : क्या? माशूक़ा को देखे बिना ही मोहब्बत की ऐसी

बेक़रारी? अल्लाह तुम्हारी ख़्वाहिश पूरी करे!

(चिमटा बजाते हुए जाने लगता है)

दिलफ़िगार : *(बेचैन हो पुकारता है)* फ़क़ीर बाबा, ठहरिए, मेरी एक बात तो सुनिए?

फ़क़ीर : बोलो दिलफ़िगार!

दिलफ़िगार : फ़क़ीर बाबा, दुनिया की सबसे अनमोल चीज़ क्या मुझे हासिल होगी?

फ़क़ीर : ज़रूर मिलेगी!

दिलफ़िगार : नामुमकिन है। और फिर वह है क्या? क़ारूँ का ख़ज़ाना? आबे-हयात? खुसरो का ताज? जामेजम? तख़्तेताऊस? परवेज़ की दौलत?

फ़क़ीर : नहीं, यह चीज़ें हरगिज़ नहीं।

दिलफ़िगार : तो मुझे इतना तो मालूम हो जाता कि वह किस क़िस्म की चीज़ है। फ़क़ीर बाबा, मैं घड़े बराबर मोती की खोज में जा सकता हूँ। मैं समन्दर का गीत, पत्थर का दिल, मौत की आवाज़ और इनसे भी ज़्यादा बेनिशान चीज़ों की तलाश में कमर कस सकता हूँ।

फ़क़ीर : दुनिया में इनसे भी अनमोल चीज़ें मौजूद हैं!

दिलफ़िगार : लेकिन वह क्या है? कैसे मिलेंगी?

फ़क़ीर : ऐ खुदा के बन्दे, उस चीज़ की तलाश तो सच्चे आशिक़ की अपनी नज़र से ही होनी चाहिए। जा दिलफ़िगार जा, उसे तलाश कर।

(फ़क़ीर चिमटा बजाता हुआ गायब हो जाता है)

दिलफ़िगार : *(स्वयं)* या खुदा, कुछ तो राह दिखा! मेरी मुश्किल क्या आसान न होगी?

(संगीत–कोई ख़ास तरह का अरबी संगीत जिसके बजते ही पता लग जाए कि यह दिलफ़रेब का दरबार है)

(दृश्यान्तर)

2

(मीनोसबाद में दिलफ़रेब का दरबार)

चोबदार : मीनोसबाद की शहज़ादी दिलफ़रेब का इक़बाल बुलन्द हो!

दिलफ़रेब : क्या बात है चोबदार?

चोबदार : शहज़ादी साहिबा, आपके दरबार में थकान से टूटा हुआ दिलफ़िगार, खुदा के फ़ज़ल से हुक्म की तामील करके आया है; और आपके क़दम चूमना चाहता है।

दिलफ़रेब : दिलफ़िगार को फ़ौरन हमारे सामने पेश किया जाए!

चोबदार : जो हुक्म शहज़ादी!

दिलफ़रेब : बाँदी, हमारे सामने सुनहला पर्दा गिरा दो!

बाँदी : जी, शहज़ादी।

(पर्दे की दूसरी ओर से)

दिलफ़िगार : ऐ रूप की मलिका! तुम्हारा यह सच्चा आशिक़, सुदूर पहाड़ों और दरिया के पार से वह अनमोल चीज़ ढूँढ़ लाया है!

दिलफ़रेब : *(उत्सुक होकर)* वह अनमोल चीज़ पेश करो। बाँदी, उसे मेरे पास ले आओ।

बाँदी : लाइए!

दिलफ़िगार : लीजिए, ज़रा सँभाल के।

बाँदी : ये लीजिए शहज़ादी साहिबा!

दिलफ़रेब : ये क्या है? ये तो, पानी की एक बूँद मालूम होती है?

दिलफ़िगार : नहीं मलिका-ए-हुस्न, ये किसी की आँख से टपका हुआ बेशक़ीमती आँसू है!

दिलफ़रेब : आख़िर क्या बात है इस आँसू की बूँद में, जिसे तुम दुनिया की सबसे अनमोल चीज़ कहते हो?

दिलफ़िगार : ऐ रूप की मलिका दिलफ़रेब, तू भी सुन वह कहानी, जिसे सुनकर तेरा भी दिल कह उठेगा, बेशक, यह दुनिया की सबसे अनमोल चीज़ है।

दिलफ़रेब : कहानी सुनाई जाए!

दिलफ़िगार : ऐ दिलफ़रेब, एक रोज़ मैं भूलता-भटकता एक मैदान में जा निकला। जहाँ हज़ारों आदमियों की भीड़ लगी हुई थी। सारे लोग चिल्ला रहे थे,–"मारो-मारो, जल्दी इसे सूली पर चढ़ाओ!"...

(संगीत के साथ कहानी फ़्लैश बैक में चली जाती है)

(हज़ारों लोगों का क्रुद्ध शोर–'मारो-मारो, इस खूनी दरिन्दे को जल्दी सूली पर चढ़ाओ!–' हम इस हत्यारे की मौत देखना चाहते हैं!–'ये अब तक ज़िन्दा क्यों है?')

दिलफ़िगार : *(स्वतः)* यहाँ इतनी भीड़ क्यों है और, ये लोग किसे सूली पर चढ़े देखना चाहते हैं? अरे! ये सिपाही उस आदमी को ज़ंजीरों में क्यों जकड़े हुए हैं? *(जंज़ीरों की खनक)* *(प्रत्यक्ष)* सुनिए, सुनिए, भाई साहब, ये आदमी कौन है? सिपाही इसे इतनी निर्दयता से ज़ंजीरों में बाँधकर क्यों ला रहे हैं?

अजनबी : इस अभागे आदमी का दामन सैकड़ों बेगुनाहों के खून से रँगा हुआ है! इसका दिल नेकी के ख़्याल और रहम की आवाज़ से ज़रा भी परिचित नहीं। इसे कालाचोर कहते हैं!

दिलफ़िगार : इसकी सज़ा क्या है?

अजनबी : मौत! देख रहे हो न, सूली के तख़्ते पर फाँसी का फन्दा झूल रहा है?

(ज़ंजीरों की आवाज़। सिपाहियों की डपट–चल, चल, जल्दी चल, पाँव में ताक़त नहीं है? भीड़ उसे देख फिर चिल्लाती है–'चढ़ा दो इस हत्यारे को सूली पर, क़ाज़ी साहब, जल्दी हुक्म दीजिए।')

क़ाज़ी : *(आदेशात्मक स्वर में)* जल्लादो, डाल दो फाँसी का फन्दा इसकी गर्दन में।

कालाचोर : *(चिल्लाकर)* खुदा के वास्ते मुझे एक पल के लिए फाँसी के तख़्ते से उतार दो, ताकि मैं अपने दिल की आख़िरी आरज़ू निकाल लूँ।

(चारों ओर सन्नाटा छा जाता है। इसी बीच एक मासूम बच्चे की तोतली आवाज़ आती है–'चल घोड़ा चल, टिक, टिक, टिक, टिक, टिक, टिक, टिक चल घोड़ा चल, टिक, टिक, टिक, टिक, टिक चल घोड़ा चल...') *(तभी)*

क़ाज़ी : जल्लादो, कालेचोर को फाँसी के तख़्ते से कुछ पल के लिए उतार दो।

कालाचोर : शुक्रिया क़ाज़ी साहब, शुक्रिया!

क़ाज़ी : कालाचोर, क्या ख़्वाहिश है तुम्हारी?

कालाचोर : मैं उस लकड़ी के घोड़े से खेल रहे मासूम बच्चे से मिलना चाहता हूँ!

क़ाज़ी : सिपाहियो, कालेचोर को बच्चे से मिलवा दो। सावधान रहना!

(कालाचोर काठ के घोड़े पर चढ़े मासूम बच्चे के पास आता है)

कालाचोर : बेटे!

बच्चा : *(बच्चा काठ के घोड़े को आदेश देता है)* रुक घोड़ा रुक, रुक घोड़ा रुक! क्या कह रहे हैं चचाजान?

कालाचोर : बेटे, तुम अपने घोड़े पर मुझे भी बिठाओगे?

बच्चा : ये घोड़ा तो लकड़ी का है और बहुत छोटा है! इस पर मैं आपको कैसे बिठा सकता हूँ?

कालाचोर : तो फिर तुम मेरे कन्धे पर बैठ जाओ, मैं तो बड़ा घोड़ा हूँ न!

बच्चा : *(मासूमियत से)* चचाजान, ये आपकी कमर में ज़ंजीर क्यों बँधी है?

कालाचोर : मैं गुनहगार हूँ!

बच्चा : गुनहगार? ये गुनहगार क्या होता है चचाजान!

कालाचोर : *(दीर्घ निःश्वास भरकर)* हाँ, बेटे, तुम्हारी मासूम उम्र में मैं भी गुनहगार का मतलब नहीं जानता था! गुनाहों की दुनिया से वाक़िफ़ नहीं था। मुझे भी माँ गोदियों में खिलाती थी। बाप बलाएँ लेता था। सारा कुनबा *(सिसकी)* जान

न्यौछावर करता था! ठीक से बैठ गए बेटे?

बच्चा : बैठ गया चचा जान! आप भी कहिए न, चल मेरे घोड़े टिक्, टिक, टिक-टिक, टिक, टिक...टिक...

दिलफ़िगार : *(स्वतः)* या अल्लाह! मैं समझ गया, समझ गया मैं! इस वक्त जो पश्चात्ताप के आँसू, सैकड़ों बेगुनाहों के गुनहगार कालाचोर की आँखों से टपक रहे हैं, वे आँसू बेशक दुनिया की सबसे अनमोल चीज़ है। हाँ, मैं उसकी एक बूँद तो ले लूँ। बेशक आँसू की इस बूँद पर तख़्तेताऊस, जामेजम और आबे-हयात—सब न्यौछावर है।

(फ़्लैशबैक ख़त्म। वही अरबी धुन बज उठेगी जो दिलफ़रेब के दरबार में पहुँचने का संकेत देती है)

दिलफ़रेब : *(गम्भीर स्वर में)* दिलफ़िगार!

दिलफ़िगार : *(लहककर)* मलिका!

दिलफ़रेब : बेशक तूने दुनिया की एक बेशक़ीमती चीज़ ढूँढ़ निकाली है, मैं तेरी हिम्मत और सूझ-बूझ की दाद देती हूँ। मगर यह दुनिया की सबसे अनमोल चीज़ नहीं है दिलफ़िगार? फिर जा, फिर से कोशिश कर, हो सकता है इस बार तेरे हाथ वह बेशक़ीमती चीज़ आ जाए और तेरी क़िस्मत पलट जाए। जैसा कि मैंने तुझे पहले ही बतला दिया था, अगर तू नाकाम होकर लौटा तो मैं तुझे सूली पर चढ़वा दूँगी। मगर मैं तेरी जाँबख़्शी करती हूँ क्योंकि, तुझमें वह गुण मौजूद है, जो मैं अपने प्रेमी में देखना चाहती हूँ। मुझे यक़ीन है दिलफ़िगार, तू ज़रूर एक न एक दिन कामयाब होगा!

दिलफ़िगार : *(लगभग गिड़गिड़ाता)* ऐ मेरे दिल की रानी, बड़ी मुद्दत के बाद तेरी ड्योढ़ी पर सजदा करना नसीब होता है। खुदा जाने, ऐसा दिन कब आएगा, कि तू अपने जान देने वाले आशिक़ के बुरे हाल पर तरस खाएगी! क्या अपने रूप की एक झलक दिखाकर तिल-तिल जलते हुए

दिलफ़िगार को, आने वाली सख़्तियों को झेलने की ताक़त न देगी? तेरी एक मस्त निगाह के नशे में चूर होकर मैं वह कर सकता हूँ, जो आज तक किसी से न बन पड़ा हो।

दिलफ़रेब : *(क्रोध से)* चोबदार, इस दीवाने को खड़े-खड़े दरबार से बाहर निकाल दो।

चोबदार : चलो, बाहर निकलो!

दिलफ़िगार : *(कातर स्वर में)* बस, एक निगाह ऐ दिल की रानी!

चोबदार : चलो, बाहर निकलो!

(घसीटकर बाहर धकेल देता है)

(दिलफ़िगार धम्म से ज़मीन पर गिर पड़ता है)

दिलफ़िगार : *(स्वतः रुआँसे स्वर में)* या ख़ुदा, ऐ हज़रते ख़िज़्र! अब मैं कहाँ जाऊँ? मुद्दतों रास्ते नापने और जंगलों में भटकने के बाद आँसू की यह बूँद मिली थी। अब ऐसी कौन सी चीज़ है जिसकी क़ीमत इस आबदार मोती से ज़्यादा हो?

(संगीत)

(दृश्यान्तर)

3

(पहाड़ की चोटी पर दिलफ़िगार खड़ा है अपनी जान देने के लिए। उसकी आवाज़ प्रतिध्वनित होती है।)

दिलफ़िगार : *(ऊँचे स्वर में)* या मेरे मौला, अब मुझे यक़ीन हो गया, मैं नाशाद और नामुराद मर जाने के लिए ही पैदा हुआ हूँ...मैं आज, इसी वक्त, इस पहाड़ की चोटी से कूदकर, अपनी जान दे दूँगा...या खुदा, मुझे माफ़ करना।

(तभी चिमटा बजाते हुए कोई पीछे से उसे पुकारता है)

फ़क़ीर : दिलफ़िगार रुक, यह तू क्या करने जा रहा है!

दिलफ़िगार : *(स्वतः)* यह तो, यह तो फ़क़ीर बाबा की आवाज़ है?

फ़क़ीर : हाँ, मैं ही हूँ, पीछे मुड़कर देख!

दिलफ़िगार : अरे! फ़क़ीर बाबा तुम! तुम यहाँ कैसे आए? पहाड़ की इस चोटी पर?

फ़क़ीर : तेरा ग़लत इरादा भाँप कर!

दिलफ़िगार : हाँ, फ़क़ीर बाबा, मैं नाशाद और नामुराद हूँ! मुझे मर जाने दीजिए!

फ़क़ीर : नादान दिलफ़िगार—यह क्या बुज़दिली है? तू मुहब्बत का दावा करता है, तुझे इतनी भी ख़बर नहीं, मज़बूत इरादा मुहब्बत के रास्ते की पहली मंज़िल है?

दिलफ़िगार : *(रुँधे कंठ से)* और कितना मज़बूत करूँ अपने इरादों को?

फ़क़ीर : *(चिमटा बजाता है)* और, और मज़बूत कर! अच्छा यह बता, इतने दिनों बाद मिल रहा है। क्या लेकर गया था अपनी माशूक़ा के पास?

दिलफ़िगार : पहले 'आँसू' लेकर गया था फ़क़ीर बाबा! इस बार 'राख'।

फ़क़ीर : *(आश्चर्य से)* यह क्या पहेली है—'आँसू' और 'राख'?

दिलफ़िगार : 'आँसू' तो उस कालाचोर का था फ़क़ीर बाबा, जिस पर सैकड़ों बेगुनाहों के क़त्ल का इल्ज़ाम था। फाँसी के फन्दे पर झूलने से पहले मासूम बच्चे के साथ खेलते हुए, जो उसकी आँखों से टपका था। उस वक़्त, उसकी आँखों से टपका पश्चात्ताप का वह आँसू, मुझे दुनिया का सबसे अनमोल रतन लगा।

फ़क़ीर : हुँअ! *(चिमटा बजाता है)* और राख का क्या माजरा है?

दिलफ़िगार : एक दिन मैं नदी के किनारे टहल रहा था फ़क़ीर बाबा! वहीं मैंने देखा, दो बेपनाह मुहब्बत करने वालों की मुहब्बत जब बेदर्द दुनिया ने कुबूल न की, तो दोनों चिता के हवाले हो गए। उस पवित्र चिता की राख मुझे दुनिया की सबसे बेशक़ीमती चीज़ लगी। उस पवित्र राख को मैंने दिल पिघला देने वाले लफ़्ज़ों में बयान कर शहज़ादी दिलफ़रेब के सामने बड़ी उम्मीद से पेश किया। मगर चिता की वह राख भी दिलफ़रेब को सबसे अनमोल चीज़ नहीं लगी।

फ़क़ीर : तो क्या तुझे धक्के देकर दरबार से निकाल दिया गया?

दिलफ़िगार : नहीं फ़क़ीर बाबा! दुनिया की बेशकीमती चीज़ को देखने के लिए दिलफ़रेब ने सुनहले पर्दे के भीतर से अपनी चाँदी जैसी हथेली फैला दी। मुट्‌ठी-भर राख उसकी हथेलियों में रखकर मैंने उसकी हथेली को चूम लिया। दिलफ़रेब ने उस मुट्‌ठी-भर राख को आँखों से लगा लिया और बोली—

(फ्लैश बैक)

(दिलफ़रेब के दरबार का संकेत देता वही अरबी संगीत)

ऐ जान निछावर करनेवाले आशिक़ दिलफ़िगार! बेशक यह राख जो तू लाया है, जिसमें लोहे को सोना कर देने की सिफ़त है, दुनिया की अनमोल चीज़ है और मैं सच्चे दिल से तेरी एहसानमन्द हूँ, कि तूने मुझे ऐसी अनमोल चीज़ भेंट दी। मगर दुनिया में इससे भी ज़्यादा अनमोल कोई चीज़ है दिलफ़िगार! जा, उसे तलाश कर, तब मेरे पास आ। मैं तहेदिल से दुआ करती हूँ, ख़ुदा तुझे कामयाब करे!

(अरबी संगीत—फ़्लैश बैक ख़त्म)

फ़क़ीर : मतलब, *(चिमटा बजाता है)* दिलफ़रेब को भी अपने इस जान देने वाले आशिक़ पर यक़ीन हो चला है; वह ज़रूर उसके लिए एक दिन दुनिया की सबसे अनमोल चीज़ लाने में कामयाब होगा।

दिलफ़िगार : *(दुखी हो)* अब मैं क्या करूँ फ़क़ीर बाबा?

फ़क़ीर : मुझे तो तेरी मंज़िल करीब दिखाई देती है।

दिलफ़िगार : मंज़िल तक पहुँचने से पहले कहीं मैं ख़ाक न हो जाऊँ?

फ़क़ीर : *(चिमटा बजाकर)* मर्द बन, हिम्मत न हार!

दिलफ़िगार : कितनी बार ख़ुदा से फ़रियाद कर चुका—ऐ ख़ुदा, तुमने सिकन्दर को आबे-हयात के कुएँ का रास्ता दिखाया, क्या

मेरी बाँह न पकड़ोगे? सिकन्दर सारी दुनिया का मालिक था, मैं तो एक बेघरबार मुसाफ़िर हूँ। ऐ आली मुक़ाम जिबरील! कुछ तुम्हीं इस नीमजान दुखी आशिक़ पर तरस खाओ! तुम ख़ुदा के ख़ास दरबारी हो, क्या मेरी मुश्किल आसान न करोगे!

फ़क़ीर : *(चिमटा ज़ोरों से बजाता है)* ख़ुदा तेरी ज़रूर सुनेगा दिलफ़िगार, मायूस न हो। ध्यान से सुन। पूरब की तरफ़ एक देश है जिसका नाम हिन्दुस्तान है। वहाँ जा, तेरी आरज़ू ज़रूर पूरी होगी।

दिलफ़िगार : *(विह्वल होकर)* शुक्रिया फ़क़ीर बाबा, शुक्रिया! जब तुमने मुझे मरने से रोक ही लिया है तो क्यों न एक कोशिश और करूँ?

(संगीत)

(दृश्यान्तर)

4

(दूर से मन्दिर की घंटियों के स्वर सुनाई पड़ते हैं)

दिलफ़िगार : *(प्रसन्न होकर)* मन्दिर की घंटी की आवाज़! कहीं मैं हिन्दुस्तान की पाक सरज़मीन में तो नहीं पहुँच गया?

(तभी, कुछ दूर से चील, कौओं और कुत्तों के भौंकने, गुर्राने के स्वर सुनाई पड़ते हैं)

दिलफ़िगार : *(स्वतः)* ये चीज़, कौओं की भयानक आवाज़ें कहाँ से आ रही हैं? वो, वो शायद उस मैदान से। चलूँ देखूँ। चला नहीं जा रहा। *(निःश्वास भरकर)* टाँगें जवाब दे रहीं।

(चील, कौओं और लड़ते कुत्तों की आवाजें प्रखर हो उठती हैं।)

हूँ ऽऽऽऽ बस पहुँच गया। यह, यह क्या? *(दहशत से काँप उठता है)* या ख़ुदा! या अल्लाह! ये मैदान तो चारों तरफ से लाशों से पटा हुआ है! ये कैसी क़यामत है मेरे ख़ुदा!

(तभी एक घायल सिपाही की कराह सुनाई पड़ती है)

भारतीय सैनिक : आ ऽ ऽ ऽ ऽ ऽ आ ऽ ऽ

दिलफ़िगार : *(चौंककर इधर-उधर देखता)* ये, ये किसकी आवाज़ है?

सैनिक : आह ऽऽऽ आह ऽऽऽ

दिलफ़िगार : ओह! किसी में अभी भी जान बाक़ी है? कौन है? ये, ये है! *(भौंचक होकर)* इसके सीने से तो खून का फौव्वारा जारी है। आबदार तलवार की मूँठ पंजे से अलग नहीं हुई है। क्या करूँ? खून को कैसे रोकूँ? *(कपड़ा फाड़ने की ध्वनि)* हाँअ, इस चीथड़े को घाव पर भर दूँ। हाँ, अब ठीक है...

सैनिक : *(चौंककर)* आह ऽऽ कौन, कौन है?

दिलफ़िगार : तू कौन है जवाँमर्द?

सैनिक : *(घायल होने के बावजूद जोश से)* क्या तू नहीं जानता मैं कौन हूँ? क्या तूने आज मेरी तलवार की काट नहीं देखी? मैं अपनी भारत माँ का बेटा हूँ—हिन्दुस्तान का सपूत!

दिलफ़िगार : तो यह हिन्दुस्तान है!

सैनिक : हाँ, ये हिन्दुस्तान है। पर तू कौन है? तू बचा कैसे रह गया? मैं अभी अपनी तलवार से तुझे मौत के घाट उतारता हूँ!

दिलफ़िगार : *(नरमी से)* ऐ जवाँ मर्द, मैं तेरा दुश्मन नहीं हूँ। अपने वतन से निकला हुआ एक गरीब मुसाफ़िर हूँ। इधर भूला-भटकता आ निकला हूँ। बराय मेहरबानी मुझसे यहाँ की कुल कैफ़ियत बयान कर।

सैनिक : *(दर्द को दबा मीठे स्वरे में)* अगर तू मुसाफ़िर है तो आ, मेरे खून से तर पहलू में बैठ जा। यही दो अँगुल ज़मीन है जो मेरे पास बाक़ी रह गई है। सिवा मौत के इसे कोई और मुझसे नहीं छीन सकता।

दिलफ़िगार : हाँ, हाँ, बैठता हूँ!

सैनिक : अफ़सोस मुसाफ़िर, यहाँ तू ऐसे वक़्त में आया है, जब

हम तेरा आतिथ्य-सत्कार करने के योग्य नहीं। हमारे बाप-दादों का देश आज हमारे हाथ से निकल गया है। हम पराधीन हो गए हैं! *(पहलू बदल)* आह ऽऽऽ पर हमने हमलावर दुश्मन को बता दिया, राजपूत अपने देश के लिए कैसी बहादुरी से जान दे देता है। आसपास जो लाशें तू देख रहा है, यह उन दुश्मनों की हैं जो तलवार के घाट उतरे हैं। *(दर्दीली हँसी हँसकर)* ग़नीमत है, मैं दुश्मन की ज़मीन पर नहीं मर रहा हूँ। मुसाफ़िर, यह तूने मेरे सीने पर क्या मरहम रख दिया?

दिलफ़िगार : हाँ, हाँ, इसे सीने पर ही रहने दें, नहीं तो सारा खून बह जाएगा।

सैनिक : *(कराहते हुए)* खून निकलने दे मुसाफ़िर, इसे रोकने से क्या फ़ायदा! क्या मैं अपने ही देश में गुलामी करने के लिए ज़िन्दा रहूँ? नहीं, ऐसी ज़िन्दगी से मर जाना अच्छा है। इससे अच्छी मौत मुमकिन नहीं।

दिलफ़िगार : या अल्लाह, इसकी हिफ़ाज़त कर!

सैनिक : *(टूटती आवाज़ में)* अब, अब, दुआ माँगने से कोई फ़ायदा न, नहीं मुसाफ़िर! माँ, भारतमाता की ऽऽ जय ऽऽ *(मृत्यु हो जाती है)*

दिलफ़िगार : *(कलमा पढ़ता है)* 'ला इलाहा इल्लल्लाह मुहम्मद-उर्रसूलिल्लाह'' ऐ बहादुर सिपाही तुझे मेरा सलाम! ऐ सच्चे देशप्रेमी, मेरा दिल कह रहा है—बेशक इस वक़्त तुम्हारे सीने से बहते हुए खून से ज़्यादा अनमोल, दुनिया की कोई और चीज़ नहीं हो सकती। मैं, अंजुरी में खून के कुछ क़तरे भर लेता हूँ!

(संगीत)

(दृश्यान्तर)

5

(अरबी संगीत बज उठता है। शहज़ादी दिलफ़रेब के दरबार का चोबदार घोषणा करता है)

चोबदार : *(ऊँचे स्वर में)* ऐ मीनोसबाद की शहज़ादी, दिलफ़िगार सुर्ख़-रू और कामयाब होकर लौटा है और दरबार में हाज़िर होने की इजाज़त चाहता है।

दिलफ़रेब : *(रौब से)* दिलफ़िगार को फ़ौरन हाज़िर किया जाए।

चोबदार : जी, बहुत अच्छा!

दिलफ़रेब : बाँदी, सामने का सुनहला पर्दा गिरा दो।

दिलफ़िगार : *(पर्दे के उस ओर से)* ऐ हुस्न की मलिका! इस दीवाने का सलाम कुबूल हो!

दिलफ़रेब : *(खुश होकर)* कुबूल है। अब की तू बहुत दिनों बाद वापस आया है दिलफ़िगार?

दिलफ़िगार : हाँ मलिका! इस बार उस अनमोल चीज़ की तलाश में मैं पूरब की ओर, बहुत दूर निकल गया था।

दिलफ़रेब : कहाँ?

दिलफ़िगार : उस मुल्क को हिन्दुस्तान कहते हैं!

दिलफ़रेब : मैंने सुना है, वह मुल्क बहुत खूबसूरत और वतनपरस्तों का मुल्क है?

दिलफ़िगार : बिल्कुल सही सुना है मेरे ख़्वाबों की शहज़ादी!

दिलफ़रेब : तो ऐसी कौन-सी अनमोल चीज़ मिल गई उस मुल्क में, जिसे तू पेश करने आया है?

दिलफ़िगार : ये ले दिलफ़रेब, खून के कुछ क़तरे!

दिलफ़रेब : *(विस्मय से)* खून के क़तरे? तुम होश में तो हो दिलफ़िगार?

दिलफ़िगार : पूरी तरह और ये खून के ही क़तरे हैं!

दिलफ़रेब : पहेलियाँ छोड़ पूरी कैफ़ियत बयान करो?

दिलफ़िगार : ऐ मलिका, महीनों की भटकन के बाद आख़िर मैं हिन्दुस्तान जा पहुँचा। अभी उस खूबसूरत मुल्क में दाख़िल ही हुआ था, कि पास के मैदान में घायल सिपाहियों की लाशें ही

लाशें बिछी नज़र आईं। मैं कुछ समझ पाता, इससे पहले ही एक लहूलुहान सिपाही की कराह सुनाई पड़ी। मैं उस ओर दौड़ पड़ा। पूछने पर पता चला, वह घायल सिपाही हिन्दुस्तान का जाँबाज़ सपूत है और अपने देश के दुश्मनों को मारते-काटते घायल हो चुका है। ख़ुदा का शुक्र है दिलफ़रेब, उस सिपाही में इतनी ताक़त न बची थी, वरना मैं भी उसकी तलवार से कटकर वहीं ढेर हो गया होता, क्योंकि मुझे भी वह दुश्मन समझ रहा था। पर जब मैंने उसे अपनी पहचान बताई तो उसके सीने से इक आह निकली। मरते-मरते भी उसे यह ग़म सता रहा था, वह मेरी कोई मेहमाननवाज़ी नहीं कर पा रहा। उसके सीने से लगातार खून का फौव्वारा छूट रहा था शहज़ादी! खून रोकने के लिए मैंने ज़ख्म पर एक चीथड़ा रख दिया। उस चीथड़े को निकाल फेंकते हुए उसने कहा—'खून बहने दे मुसाफ़िर! इसे रोकने से क्या फ़ायदा! क्या मैं अपने ही देश में गुलामी करने के लिए ज़िन्दा रहूँ? ऐसी ज़िन्दगी से तो मर जाना अच्छा है।—'भारत माता की जय!'
मुझे लगा, अपने मुल्क की सुरक्षा के लिए जान क़ुर्बान करनेवाले इस सिपाही के सीने से बहता हुआ खून—दुनिया की सबसे अनमोल चीज़ है। और मैंने खून के कुछ क़तरे, ऐ दिलफ़रेब, अपने हाथों में तुम्हारे लिए समेट लिए!

दिलफ़रेब : *(गम्भीर स्वर में)* दिलफ़िगार!

दिलफ़िगार : *(शंकित होकर)* जी शहज़ादी!

दिलफ़रेब : ऐ जाँनिसार आशिक़ दिलफ़िगार! मेरी दुआएँ फलीं और ख़ुदा ने मेरी सुन ली और तुझे, कामयाब व सुर्ख़-रू किया। मैं कुबूल करती हूँ,—'खून का वह आख़िरी क़तरा जो वतन की हिफ़ाज़त में गिरे, दुनिया की सबसे अनमोल चीज़ है! आज से तू मेरा मालिक है दिलफ़िगार, और मैं तेरी गुलाम! *(बाँदी की ओर मुड़कर)* बाँदी?

बाँदी : जी शहज़ादी!

दिलफ़रेब : मेरे और दिलफ़रेब के बीच पड़ा यह सुनहला पर्दा हटा दो! मैं दिलफ़रेब की बाँहों में क़ैद होना चाहती हूँ! *(पर्दा हटने की ध्वनि)*

दिलफ़िगार : मेरी मलिका, मेरी बाँहें तेरा इन्तज़ार कर रही हैं... *(बाँहें पसार दिलफ़रेब को बाँहों में भर लेता है!)*

(खुशियों का संगीत एकाएक बज उठता है)

राजा हरदौल

स्थान : राजदरबार, हरदौल का महल, शीशमहल, रनिवास, जंगल, दंगल का अखाड़ा, ओरछा का नुक्कड़

पात्र

जुझार सिंह : वीर बुन्देला राजपूत, ओरछा नरेश, स्वभाव से ईर्ष्यालु (45 वर्ष)

हरदौल सिंह : जुझार सिंह के छोटे भाई, वीर, विवेकशील उत्सर्ग भावना से ओत-प्रोत (21 वर्ष)

कुलीना : ओरछा की महारानी, जुझार सिंह की पत्नी, सुन्दरी, वात्सल्यपूर्ण सुदृढ़ नारी (35 वर्ष)

दीवान जी : (50 वर्ष)

क़ादिर ख़ाँ : दिल्ली का खूँख़ार पहलवान

घोषक : (50 वर्ष)

दरबान : (50 वर्ष)

शाही दूत : (45 वर्ष)

दासी : नाम मालती, नाइन (25 वर्ष)

सभासद : 1, 2, 3, 4

व्यक्ति : 1, 2, 3, 4, 5, 6, 7, *(एक छोटा बच्चा भी)*

सरदार : (35 वर्ष)

भीड़ : पुरुष कलाकार समवेत स्वर में जय-जयकार करेंगे

1

(तुरही की आवाज़ के साथ घोषक की घोषणा)

घोषक : *(ऊँची आवाज़ में)* सावधान, बुन्देला शिरोमणि ओरछा नरेश परमवीर राजा जुझार सिंह राजसभा में पधार रहे हैं।

(तुरही की आवाज़ तेज़ होती है। उसके साथ ही समस्त सभासद ससम्मान खड़े हो–राजा की जय हो! राजा की जय हो! समवेत स्वर में जय-जयकार करते हैं। राजा के सिंहासनारूढ़ होते ही सभासदों के बैठने का स्वर)

दीवान : *(उमंग से)* महाराज, हमारी सेना ने लुटेरे लोदी की सेना को मार भगाया। आपकी तलवार के सामने वह टिक न सका। समस्त ओरछा आनन्दोत्सव मना रहा है और अपने परमवीर राजा जुझार सिंह का कीर्तिगान गा रहा है।

जुझार सिंह : दीवान साहब...यह जीत इस बात का प्रमाण है कि वीर बुन्देलों की तलवारों को अभी ज़ंग नहीं लगा है...किसकी मजाल जो उनके वार का सामना कर सके?

(तभी दरबान का प्रवेश)

दरबान : *(ऊँचे स्वर में)* ओरछा नरेश की जय!

जुझार सिंह : *(प्रसन्न स्वर में)* क्या खबर लाए हो दरबान?

दरबान : महाराज! दिल्ली के बादशाह शाहजहाँ का दूत आपके लिए आगरा से पत्र लेकर आया है।

जुझार सिंह : दरबान, दूत को ससम्मान राजसभा में उपस्थित करो।

(सभासदों में अस्फुट स्वर में जिज्ञासा)

सभासद 1 : बादशाह का दूत, क्यों आया होगा?

सभासद 2 : ज़रूर कोई खुशी की ख़बर होगी!

सभासद 3 : *(बात काटकर)* बुरी भी तो हो सकती है?

सभासद 1 : होगी तो हम बुन्देलों ने कोई चूड़ियाँ नहीं पहन रखीं।

शाही दूत : *(प्रवेश करते हुए)* हुजूर की जय हो! मैं बादशाह सलामत शाहजहाँ का दूत, उनकी चिट्ठी लेकर आपके दरबार में हाज़िर हुआ हूँ।

जुझार सिंह : कहिए...बादशाह शाहजहाँ ने हमारे लिए क्या सन्देशा भेजा है?

शाही दूत : आपका आदेश हो तो चिट्ठी का तर्जुमा कर सुनाऊँ?

जुझार सिंह : आदेश है!

शाही दूत : *(ऊँचे स्वर में)* ''ओरछा नरेश जुझार सिंह जी...हम आपके साहस और बुद्धिमानी से बहुत खुश हैं। आपने मैदाने-जंग में लोदी को जो शिकस्त दी है, वह आपकी जाँबाज़ी की मिसाल है। इस खुशी के मौक़े पर हम दक्खिन का शासन-भार आपको सौंपते हैं। हमें उम्मीद है कि आप अपने फ़र्ज़ को ज़िम्मेदारी से पूरा करेंगे।''

–बादशाह शाहजहाँ

सभासद : *(समवेत स्वर में)* महाराज की जय हो! महाराज की जय हो!

(संगीत–बुन्देली धुन)

(दृश्यान्तर)

2

(जुझार सिंह अपने महल में अपने छोटे भाई हरदौल से बात कर रहे हैं। भावुक क्षण हैं।)

जुझार सिंह : हरदौले, दक्खिन का शासन सँभालने मुझे दक्खिन जाना होगा। ओरछा की शासन-व्यवस्था की ज़िम्मेदारी अब तुम्हारे युवा कन्धों पर है। ओरछा को तुम जी-जान से

प्यार करते हो और ओरछा तुम्हें! भाई...न्याय ही राजा के सुशासन का आधार है, अन्याय प्रजा को राजा से विमुख करता है। अपनी प्रजा को तुम्हें न्याय का विश्वास दिलाना होगा। हरदौल मैं तुम्हें और क्या समझाऊँ, तुम स्वयं समझदार हो...

हरदौल : *(भावुक होकर)* इतना बड़ा भार मुझ पर न डालिए भैया, मैं नहीं उठा पाऊँगा। *(रुँधे कंठ से उनके पैरों में झुककर)*

जुझार सिंह : *(भावुक होने से बचने का प्रयत्न करते हुए)* पगले, वीर अपने आँसुओं से अपनी प्यास मिटाते हैं उन्हें किसी को दिखाते नहीं। आओ, उठो, तुम्हारी जगह पैरों में नहीं, ओरछा के सिंहासन पर है। जो पगड़ी मेरे सिर पर रहा करती थी, आज से तुम्हारे सिर पर सुशोभित होगी।

हरदौल : भैया ऽ ऽ...

जुझार सिंह : हरदौल...हम बुन्देले हैं और बुन्देला हर परिस्थितियों से लड़ना जानता है। फिर तुम्हारी भाभी कुलीना को तो मैं यहीं छोड़े जा रहा हूँ। हिम्मत रखो, मैं ज़रा कुलीना से भी मिल लूँ।

(संगीत–बुन्देली लोकधुन)

(दृश्यान्तर)

3

(राजा जुझार सिंह रनिवास में विह्वल रानी को समझाते हैं। रानी कुलीना सिसकियों में डूबी हुई हैं।)

जुझार सिंह : उठो कुलीना...तुम्हारी जगह पैरों में नहीं, मेरे हृदय में है। यह रोने का समय नहीं है।

कुलीना : *(सिसकी भरती हैं)*

जुझार सिंह : आँसू पोंछ लो...बुन्देलों की स्त्रियाँ ऐसे अवसर पर रोया नहीं करतीं।

कुलीना : *(सिसकी लेते हुए)* क्यों...बुन्देलों की स्त्रियों के पास हृदय

नहीं होता? अगर होता है तो उसमें प्रेम नहीं होता?

जुझार सिंह : प्रेम तो अपार होता है कुलीना...! मुझ पर तुम ऐसी ही प्रीति बनाए रखना। ईश्वर ने चाहा तो हम-तुम जल्द मिलेंगे। मैंने राज-पाट हरदौल को सौंप दिया है। वह अभी लड़का है। उसने अभी दुनिया नहीं देखी। राज-काज में उसका मार्गदर्शन करती रहना।

कुलीना : *(आँसू पोंछते हुए)* चिन्ता न करें, स्वामी!

जुझार सिंह : अब विदा दो कुलीना!

कुलीना : *(नाक सुड़कते हुए)* जाइए स्वामी! ईश्वर आपकी मनोकामना पूर्ण करें। दक्खिन का राज्य आपके शासन में फले-फूले।

(संगीत–बुन्देली धुन)

(दृश्यान्तर)

4

(राजा हरदौल सिंह की राजसभा)

घोषक : *(ऊँचे स्वर में)* सावधान! ओरछा नरेश...प्रजावत्सल महाराज हरदौल सिंह राजसभा में पधार रहे हैं। *(तुरही का निनाद)*

सभासद : *(समवेत स्वर में)* महाराज की जय हो! महाराज की जय हो!

हरदौल सिंह : दीवान जी, आज भैया को दक्खिन गए हुए एक वर्ष हो रहा। भैया के राजकाल में प्रजा बहुत खुश थी।

दीवान जी : सही कहा महाराज आपने!

हरदौल सिंह : कृपया निःसंकोच बताएँ, हमारे शासनकाल में हमारी प्रजा को कोई तकलीफ़ तो नहीं?

दीवान जी : प्रजा का मत है महाराज, ओरछा को कभी ऐसा सर्वप्रिय राजा नसीब नहीं हुआ।

हरदौल सिंह : *(मासूमियत से हँसते हुए)* यह प्रजा का मत है दीवान जी या आपका अपना?

दीवान जी : महाराज, प्रजा क्या कहती है यह सभासदों से ही सुनें।

सभासद : प्रजा का कहना है महाराज...ऐसा पहले कभी नहीं हुआ...प्रजा जब चाहे अपने राजा से मिल सकती है। अपनी शिकायत उनसे कह सकती है। महाराज उदार हैं। न्यायी हैं। सबकी सुनने वाले हैं। कष्ट का निवारण करने वाले हैं। वीर हैं....प्रतापी हैं।

(तभी...)

दरबान का प्रवेश : महाराज की जय हो!

हरदौल : कहो दरबान...क्या कहना चाहते हो?

दरबान : महाराज...दिल्ली का नामवर पहलवान क़ादिर ख़ाँ ओरछा आया हुआ है, वह ओरछा के पहलवानों से मुकाबला करना चाहता है।

हरदौल : उसकी इच्छा पूरी होगी! दीवान जी...पूरे ओरछा में मुनादी करवा दी जाए। हम स्वयं भी ओरछा के अखाड़े में उपस्थित होकर यह दंगल देखना चाहेंगे।

दीवान जी : जैसी महाराज की आज्ञा!

(संगीत–लोकधुन, लोकधुन पर सहसा नगाड़े की ध्वनि प्रखर हो उठती है)

(दृश्यान्तर)

5

(ओरछा के नुक्कड़-नुक्कड़ पर मुनादी हो रही है। एक नुक्कड़ पर मुनादी के बोल)

घोषक : *(नगाड़े को पीटता हुआ)* सुनो! सुनो! सुनो! दिल्ली के नामवर पहलवान क़ादिर ख़ाँ ने ओरछावासियों से कहा है, "खुदा का शेर दिल्ली का क़ादिर ख़ाँ ओरछे आ पहुँचा है। जिसे अपनी जान भारी हो, आकर अपने भाग्य का निपटारा कर लें।"

सुनो! सुनो! सुनो! दिल्ली के नामवर पहलवान ऽ ऽ ऽ

(नगाड़े की आवाज़ और मुनादी के स्वर दूर होने लगते हैं। जनता की प्रतिक्रिया प्रखर हो उठती है।)

व्यक्ति 1 : जनेसर, यह तो घमंड से भरी हुई वाणी है।

व्यक्ति 2 : घमंड क्यों नहीं होगा? ज्वाला भैया, सुना है दिल्ली से ओरछे तक सैकड़ों मर्दानगी के मतवाले उससे मुकाबले को आए, पर कोई जीत न सका!

व्यक्ति 1 : *(हाथ नचाकर)* बुन्देलों से पाला नहीं पड़ा होगा जनेसर...कालदेव और मालदेव सैकड़ों मैदान मारे हुए हैं। ओरछे की नाक हैं। कादिर का दर्प चूर करने को एक ही काफी है।

(मध्यम नगाड़े की ध्वनि और मुनादी का स्वर पुनः प्रखर होता है और लोकधुन उस पर हावी होती हुई समाप्त होती है।)

(दृश्यान्तर)

6

(अखाड़ा। अखाड़े में हज़ारों ओरछावासियों की उपस्थिति का कोलाहल। साथ ही आशंका और उत्साह भरे वाक्यों का आदान-प्रदान।)

: 'देखें, अखाड़े में आज ओरछा की लाज रहती है या नहीं?'—कादिर खाँ की गीदड़ भभकियों से हम नहीं डरने वाले!;—'ओरछे की हार न कभी हुई है, न होगी; 'ददुआ, *(बच्चा)* हमको कुश्ती देखनी है, दिखाई नहीं दे रहा?—'आओ बचुवा, कन्धे पर चढ़ि जाव!' *(सहसा भीड़ में सुगबुग होती है—महाराज आ गए, महाराज आ गए!' 'महाराज आ गए!' 'महाराज की जय!' 'महाराज की जय!')*

(तुमुल हर्षध्वनि अखाड़े को गुँजायमान कर देती है।)

घोषक : *(डुग्गी के बजते और बन्द होते ही)* ओरछावासियो...परमप्रिय महाराज हरदौल आप से कुछ कहना चाहते हैं।

हरदौल : *(ऊँचे स्वर में)* ख़बरदार! वीर बुन्देलों की लाज रहे या

न रहे...पर उनकी प्रतिष्ठा में बल न पड़ने पाए। यदि किसी ने औरों को यह कहने का अवसर दिया कि ओरछा वाले तलवार से न जीत सके तो धाँधली कर बैठे—वह अपने को जाति का शत्रु समझें।

घोषक : *(डुग्गी पुनः शुरू होती है और बन्द हो जाती है)* सुनो सुनो... दिल्ली के पहलवान क़ादिर ख़ाँ और ओरछा के पहलवान कालदेव के बीच दंगल शुरू करने का आदेश दिया जाता है।

(नगाड़े की चोट के साथ तलवारों के टकराने की टंकार। तलवारों की टंकार और पैतरों को देख ओरछावासियों का कलेजा मुँह को आ रहा है। टंकारों के साथ पहलवानों की हुँकार लगातार जारी है।)

(दर्शकों की प्रतिक्रिया)

व्यक्ति 1 : वाह! वाह! वाह! क्या गिरहदार हाथ चलाया है कालदेव ने! अ र र र, ब ब बच गया कादिर खाँ...

व्यक्ति 2 : *(उत्तेजित होकर)* कादिर भी कम बिजली-सा नहीं तड़क रहा। जोड़ बराबरी की है...*(सन्नाटा, दर्शक स्तब्ध हैं)*

(तलवारों के वार की टंकार तेज़ होने लगती है। क़ादिर ख़ाँ के मुँह से पूरी शक्ति लगाने की भीषण ई ऽ ऽ ऽ ऽ निकलती है और वह शेर की तरह दहाड़ता है—अल्लाहो अकबर ऽ ऽ तभी तलवार के टूट गिरने की दहला देने वाली झंकार और साथ ही कालदेव का आर्त स्वर, आ आ ऽ ऽ ऽ)

(भीड़ का आक्रोश भरा कोलाहल)

घोषक : *(डुग्गी की ध्वनि)* महाराज हरदौल सिंह का ओरछानिवासियों से आग्रह है कि आप कृपया विचलित न हों! कल इसी स्थान पर सूर्योदय होते ही क़ादिर ख़ाँ का मुकाबला ओरछा का गौरव, पहलवान मालदेव करेंगे। धैर्य बनाये रखिए। बुन्देले बुज़दिल नहीं होते, अपना हौसला बनाए रखें ऽ ऽ *(फिर डुग्गी की ध्वनि)*

(संगीत—डुग्गी की ठनक पर हावी हो समाप्त होता है)

(दृश्यान्तर)

7

(रनिवास। हरदौल कुलीना के महल में उनके साथ)

कुलीना : *(उत्सुक होकर)* आज दंगल का क्या रंग रहा, लाला?

हरदौल : *(उदास स्वर में)* आज भी वही कल-सा हाल रहा, भाभी जी!

कुलीना : *(अधीर होकर)* क्या मालदेव मारा गया?

हरदौल : *(संयत होकर)* नहीं...जान से तो नहीं पर हार हो गई!

कुलीना : ऐसा कैसे हुआ?

हरदौल : पूरा ओरछा चकित है। इसमें कोई सन्देह नहीं है, मालदेव अपने भाई कालदेव के मुकाबले अधिक फुर्तीला और तेज़ है, उसने कई बार क़ादिर ख़ाँ को नीचा दिखलाया पर... *(क्षुब्ध होकर)* क़ादिर ख़ाँ की जगह हम होते भाभी जी तो निहत्थे पर वार न करते। अपने प्रतिद्वन्द्वी पर हम तब तक हाथ न उठाते जब तक उसके हाथ में दूसरी तलवार न आ जाती। मगर, क़ादिर ख़ाँ में वह उदारता कहाँ!

कुलीना : अब क्या करना होगा?

हरदौल : मैं स्वयं इसी उलझन में हूँ भाभी जी! आज तक कोई ओरछे का सिर नहीं झुका पाया। अपनी वीरता के सामने हमने राज्य और धन को कोई महत्त्व नहीं दिया। अब हम किस मुँह से अपनी वीरता का घमंड करेंगे? सारे शहर में शोक छाया हुआ है। सैकड़ों घरों में चूल्हे नहीं जले। *(दीर्घ निःश्वास भर)* बुन्देलों की साख जाती है तो मेरा सिर भी उसके साथ जाएगा!

कुलीना : *(तनिक उत्तेजित होकर)* लाला! क्या ओरछे की किसी तलवार में दम नहीं जो क़ादिर ख़ाँ के दर्प को चूर कर सके?

हरदौल : ओरछे में केवल एक तलवार है, जो क़ादिर ख़ाँ की तलवार का मुँह मोड़ सकती है।

कुलीना : किसकी?

हरदौल : भैया की तलवार!

कुलीना : भैया की तलवार? मगर, तुम्हारे भैया तो यहाँ हैं नहीं?

हरदौल : *(विनीत स्वर में)* अगर तुम ओरछे की नाक चाहती हो तो भैया की तलवार मुझे दे दो। ओरछे की प्रतिष्ठा बचाने का यह मेरा अन्तिम प्रयास होगा।

कुलीना : *(स्वतः)* तलवार हरदौल को दे दूँ? पर राजा रोक गए हैं। उनकी आज्ञा थी कि किसी दूसरे की परछाईं भी उस पर न पड़ने पाए। क्या ऐसी दशा में, उनकी आज्ञा का उल्लंघन करूँ तो वे नाराज़ होंगे? कभी नहीं। जब महाराज सुनेंगे कि मैंने कैसे कठिन समय में उनकी तलवार निकाली है तो, उन्हें सच्ची प्रसन्नता होगी। उनसे ज़्यादा ओरछे की भलाई चाहने वाला भला और कौन होगा?

हरदौल : *(अधीर होकर)* किस सोच में पड़ गईं भाभी जी? ऐसे कठिन समय में आपकी चुप्पी!

कुलीना : *(बात बीच में काटकर)* तुम्हारे भैया की तलवार मैं तुम्हें ज़रूर दूँगी हरदौल! इस समय उनकी आज्ञा का उल्लंघन करना ही उनकी आज्ञा का पालन है। कल का दिन वीर बुन्देलों का होगा, मेरा आशीर्वाद है तुम्हें...

(संगीत–वीर रस की कोई बुन्देली लोकधुन। उसी पर नगाड़े की ध्वनि प्रखर होती है।)

(दृश्यान्तर)

8

(नगाड़े की डम-डम। ओरछा के नुक्कड़ों पर घोषक मुनादी कर रहा है)

घोषक : सुनो, सुनो, सुनो...ओरछानिवासियो सुनो, ओरछा नरेश महाराज हरदौल सिंह जी ने आज पहलवान क़ादिर ख़ाँ के साथ स्वयं लड़ने का फ़ैसला किया है।

('सुनो सुनो सुनो...ओरछानिवासियो सुनो... ।' उद्घोषणा सुनकर

स्तम्भित और व्याकुल ओरछावासी जत्थों के रूप में अखाड़े की ओर दौड़ पड़ते हैं।)

व्यक्ति 1 : महाराज जी को यह क्या सूझी? का ओरछे के सारे पहलवानों ने चूड़ियाँ पहन ली हैं? *(दौड़ते हुए)*

व्यक्ति 2 : बात ये है भैया, महाराज बुन्देलों का बुझा मुख नहीं देख सकते *(दौड़ते हुए)*

व्यक्ति 3 : *(शब्दों को खींचते हुए)* अरे भैया, ऐसी मन्थर चाल से अखाड़े पहुँचते जुग बीत जाएँगे। जल्दी पहुँच महाराज को मुकाबले से रोकना होगा।

(हाँ भैया, उचित कही तुमने। चलो बढ़ो ऽ ऽ पग-ध्वनियों और बतकहियों के ऊपर सहसा नगाड़े की डम-डम सुनाई पड़ती है और गूँज उठती है तलवारों की टंकार)

व्यक्ति 4 : मुकाबला तो शुरू हो चुका! हे ईश्वर, आज बुन्देलों की पत रखना! *(गर्व से)* वैसे हमारे महाराज तलवारबाज़ी के उस्ताद हैं।

व्यक्ति 5 : देखो, देखो, कैसे चीते से हमारे महाराज कादिर खाँ के वारों का सामना कर रहे हैं?

व्यक्ति 6 : कादिर खाँ भी भूखे शेर-सा पिला हुआ है।

व्यक्ति 7 : *(उत्तेजित होकर)* देखो, देखो, महाराज के वारों से बचने की कोशिश कर रहा है कादिर खाँ?

(तभी क़ादिर ख़ाँ की गर्दन पर महाराज की तलवार पड़ती है...खच्च)

व्यक्ति 5 : *(उत्तेजित होकर)* कादिर खाँ खेत रहा भैया ऽ ऽ महाराज की जय ! ओरछा की लाज बच गई!

(तुमुल स्वर में महाराज हरदौल की जय-जयकार होती है।)
(संगीत–वीर रस से सराबोर बुन्देली लोकधुन)

(दृश्यान्तर)

9

(उसी लोकधुन को अपनी ज़द में लेती हुई दूर से आती कई घोड़ों की टापों के स्वर। दूसरी दिशा से भी एक घोड़े की टापों का स्वर सुनाई देता है। घुड़सवार आमने-सामने आकर ठिठक जाते हैं। राजा हरदौल अपने सामने आ खड़े हुए रोबदार घुड़सवार को देख कड़ककर पूछते हैं–)

हरदौल : *(कड़ककर)* तुम कौन हो अजनबी? ओरछा के इस घने जंगल में...किस उद्‌देश्य से आए हो? रास्ता भटक गए हो?

जुझार सिंह : *(विस्मय भरे कटाक्ष से)* मेरे इतने निकट आकर भी तुम मुझे, अपने बड़े भाई को पहचान नहीं पाए? अरे ऽ ऽ तू तो दूर से देखकर नंगे पाँव मेरे पास दौड़ता चला आता था और अब...

हरदौल : भैया आप? आप इस घने जंगल में? मैं कल्पना भी नहीं कर सकता था कि...आप यहाँ मुझे इस तरह से मिल जाएँगे। *(घोड़े से उतर कर)* पायलागी भैया! क्षमा करें भैया! मैं तो सरदारों के साथ जीत की खुशी में शिकार खेलने निकला था...

जुझार सिंह : *(ईर्ष्या से)* जीत की खुशी! कैसी?

हरदौल : *(गर्व-भरे प्रसन्न स्वर में)* आप के आशीर्वाद से आज सुबह ही मैंने दिल्ली के घमंडी पहलवान क़ादिर ख़ाँ को ख़त्म कर, ओरछा की आन को बट्टा नहीं लगने दिया।

जुझार सिंह : *(घोड़े से कूदकर)* वाह मेरे भाई, आ मैं तुझे गले लगा लूँ! तुझसे मुझे यही उम्मीद थी हरदौल! मैं जानता था, अपने रक्त की आखिरी बूँद तक तू ओरछा की प्रतिष्ठा पर आँच न आने देगा।

हरदौल : मगर भैया आप अचानक, वह भी बिना कोई ख़बर किए...

जुझार सिंह : *(गहरे स्वर में)* ओरछा की मीठी स्मृतियाँ रह-रहकर बेचैन कर रही थीं हरदौल! लगा कि अब घर चलूँ। चलकर तुम लोगों को चौंका दूँ। वैसे भी, वर्ष-भर की मेहनत

रंग लाई और दक्खिन का राजकाज अब व्यवस्थित और सुदृढ़ हो गया है। मेरे बिना भी अब वहाँ कोई दिक्कत नहीं आने वाली। बादशाह से मैंने आज्ञा ली—अब मैं अपने राज्य ओरछा लौटना चाहता हूँ।—बादशाह ने आज्ञा दे दी। बस, अंगरक्षकों के साथ मैं ओरछा के लिए निकल पड़ा...

हरदौल : अंगरक्षक दिखाई नहीं दे रहे भैया?

जुझार सिंह : पीछे रह गए हैं...आते ही होंगे...*(तभी घोड़ों की टापों की आवाज़ सुनाई पड़ती है)* वो देखो, वो ऽऽ बढ़े चले आ रहे हैं।

हरदौल : *(हर्षित होकर)* आज के दिन आपका आना, ओरछे को तो जीत का पुरस्कार मिल गया भैया! कुलीना भाभी भी सहसा आपको सामने पा हर्षविभोर हो उठेंगी! चलो भैया!

जुझार सिंह : चलो! *(घोड़े को ऐड़ लगाते हैं।)*

(उनके आगे चलते ही सभी सरदार समवेत स्वर में जय-जयकार करते हैं। महाराज जुझार सिंह जी की जय! महाराज हरदौल सिंह जी की जय!)

(स्वतः) मेरे रहते हरदौल की जय-जयकार? वह भी मेरे सामने? मेरे ज़िन्दा रहते हरदौल का इतना दबदबा?

(घुड़सवारों की टापों की आवाज़ें तेज होने लगती हैं। फिर टापों के स्वर दुंदुभि और नगाड़े की स्वरों में लीन हो जाते हैं) (संगीत—रात्रि का)

(दृश्यान्तर)

10

(दासी रानी कुलीना का शृंगार कर रही है। शृंगार ख़त्म कर साधिकार कहती है–)

दासी : *(आँखें मटकाते हुए)* महारानी जी, आज महाराज बहुत दिनों बाद लौटे हैं, कल महाराज से आपका शृंगार करने

का इनाम लूँगी!

कुलीना : *(दुखी स्वर में)* ले लेना मालती!

दासी : *(संकोच से भर)* महारानी क्षमा करें, तो एक बात पूछूँ?

कुलीना : पूछ न!

दासी : महाराज दक्खिन से बरस-भर बाद लौटे हैं, बड़ी खुशी का दिन है, फिर आपकी आँखों में आँसू क्यों?

कुलीना : आज मुझसे अनजाने बहुत बड़ी गलती हो गई मालती!

दासी : *(चिन्तित स्वर में)* गलती...कैसी गलती?

कुलीना : *(गहरा निःश्वास भर)* तू अभी जा मालती! फिर बताऊँगी, अभी मैं महाराज के शीशमहल में जा रही हूँ।

दासी : *(झुकते हुए)* जो आज्ञा महारानी!

कुलीना : *(स्वतः)* मुझसे अपराध हुआ है! मुझे महाराज से क्षमा माँगनी चाहिए। यह बनाव-शृंगार इस समय उपयुक्त नहीं। सारे गहने-गुरिया उतार देने चाहिए और महाराज के समक्ष अपराधिन की भाँति जाना चाहिए। वरना वे सोचेंगे, अपराध करके भी महारानी के हृदय में उसके लिए कोई पश्चात्ताप नहीं!

(संगीत–सामान्य लोकधुन)

(दृश्यान्तर)

11

(शीशमहल में प्रवेश करने से पूर्व कुलीना झिझक कर खड़ी हो जाती है। महाराज को अनुमान हो जाता है। वे भीतर से पुकारते हैं महारानी को...)

जुझार सिंह : कौन है? कुलीना! भीतर क्यों नहीं आ जाती?

कुलीना : *(दुखी स्वर में)* महाराज, कैसे आऊँ? आपके पास मैं अपनी जगह क्रोध को बैठा पाती हूँ!

जुझार सिंह : *(तिक्त भाव से)* यह क्यों नहीं कहती कि मन दोषी है इसलिए आँख मिलाने से डरती हो?

कुलीना : *(विह्वल होकर)* विश्वास करें महाराज! बड़े चाव से मैंने सोने के थाल में आपके लिए भोजन परोसा था और चाँदी के थाल में हरदौल के लिए। मगर अनजाने सोने का थाल हरदौल के समक्ष रख दिया और चाँदी का आपके सामने! आपकी भाव-भंगिमा से ही मुझे अनुमान हो गया था कि अनजाने मुझसे अक्षम्य अपराध हो गया है। अबला का अपराध क्षमा हो महाराज!

जुझार सिंह : *(रुक्ष स्वर में)* इसका प्रायश्चित्त करना होगा तुम्हें?

कुलीना : कैसे स्वामी?

जुझार सिंह : *(ईर्ष्या से दग्ध स्वर में)* हरदौल के खून से!

कुलीना : *(काँपती आवाज़ में)* क्या इसलिए कि आज भूल से ज्योनार की थाली में उलट-फेर हो गया?

जुझार सिंह : *(क्रूर हो)* नहीं, इसलिए कि तुम्हारे प्रेम में हरदौल ने उलट-फेर कर दिया।

कुलीना : *(रुँधे कंठ से)* हरदौल को मैं अपना बेटा और भाई समझती हूँ, स्वामी!

जुझार सिंह : *(बिस्तर से उठकर बैठते हुए)* नहीं! हरदौल बच्चा नहीं है, बचपना तो मैंने किया जो तुम्हारे ऊपर विश्वास किया? मुझे तुम्हारे ऊपर घमंड था। मैं समझता था कि चाँद, सूरज अपनी दिशा बदल सकते हैं मगर मुझ पर तुम्हारा प्रेम अटल है। बड़ों ने सच कहा है, स्त्री का प्रेम पानी की धार है, जिस ओर ढाल पाता है उधर ही बह जाता है।

कुलीना : *(सिसकते हुए)* आपके इस सन्देह को कैसे दूर करा जाए महाराज?

जुझार सिंह : हरदौल के खून से! मैंने पहले ही कहा है...

कुलीना : *(सिसकियों के बीच)* मेरे खून से दाग न मिटेगा स्वामी?

जुझार सिंह : तुम्हारे खून से और पक्का हो जाएगा!

कुलीना : क्या कोई और उपाय नहीं?

जुझार सिंह : *(दृढ़ स्वर में)* नहीं!

कुलीना : यह आपका अन्तिम फ़ैसला है महाराज?

जुझार सिंह : हाँ...यह मेरा अन्तिम फ़ैसला है...इस चौकी पर रखे पानदान में विष से भरा पान का बीड़ा रखा हुआ है। तुम्हारे सतीत्व की परीक्षा यही है कि तुम हरदौल को इसे अपने हाथों से खिला दो। मेरे मन का भ्रम उसी क्षण निकलेगा, जिस क्षण महल से हरदौल की लाश निकलेगी। जाओ कुलीना, मुझे एकान्त में छोड़ दो!

कुलीना : *(सिसकी भरते हुए)* जैसी आपकी मर्ज़ी स्वामी!

(संगीत–वाद्य का करुण उतार-चढ़ाव)

(दृश्यान्तर)

12

(महारानी कुलीना अपने कक्ष में)

कुलीना : *(दग्ध द्वन्द्व-भरे स्वर में)* क्या हरदौल के प्राण लूँ? निर्दोष, सच्चरित्र, वीर हरदौल की जान से अपने सतीत्व की परीक्षा दूँ? उस हरदौल के खून से अपने हाथ काले करूँ जो मुझे बहन समझता है? किसके सिर पड़ेगा यह पाप? क्या एक निर्दोष का खून रंग न लाएगा! *(उच्छ्वास)* आह! अभागी कुलीना! तुझे आज अपने सतीत्व की परीक्षा देनी पड़ रही है और...वह भी ऐसी कठिन?

नहीं ऽ ऽ... *(दबी चीख़ के साथ)* यह पाप मुझसे न होगा। महाराज मुझे कुलटा समझते हैं तो समझें! मगर, महाराज को मुझ पर ऐसा सन्देह क्यों हुआ–केवल ज्योनार के थाल बदल जाने से?

नहीं, बात केवल इतनी-भर नहीं, इसके पीछे निश्चय ही हरदौल के प्रति उपजी ईर्ष्या है, ओरछावासियों के हृदयों में हरदौल के प्रति लबालब उमड़ती मान और प्रतिष्ठा की टीस है। उसके तेज को महाराज सहन नहीं कर पा रहे। जो चाहे सो हो, मुझसे यह पाप न होगा, हरगिज़ न होगा!

(द्वन्द्व) महाराज...क्या तुम्हारा हृदय इतना ओछा और नीच है? तुमसे अगर उसकी मान-प्रतिष्ठा देखी नहीं जाती तो साफ़-साफ़ उससे क्यों नहीं कहते? क्यों मरदों की लड़ाई नहीं लड़ते? स्वयं अपने हाथ से उसका सिर क्यों नहीं काटते?

(कुछ क्षणों तक कुलीना के फूट-फूट कर रोने का स्वर गूँजता है। उसे अवश रोता पाकर उसका प्रतिरूप उससे तर्क-वितर्क करता है....)

(प्रतिरूप) रोने-बिलखने से कुछ न होगा कुलीना! तुमको यह पाप करना ही होगा। तुम्हारे पतिव्रता होने पर सन्देह किया जा रहा है। तुम्हारा धर्म है, पति के आदेश का पालन! छुटकारा आगे भी नहीं है। पाप करने के बाद पति को प्रसन्न और रिझाए रखने के लिए तुम्हें, सजना, सँवरना और खुश रहना होगा। तुम्हारा मुखड़ा तनिक भी मलिन हुआ तो इतना बड़ा पाप करके भी महाराज का सन्देह मिटाने में सफल न होगी। अपने पतिव्रता होने का प्रमाण दो कुलीना! प्रमाण दो! *(स्वतः रुँधे और कतार स्वर में)* प्यारे हरदौल! मैं जानती हूँ, तुम मेरे हाथों हँसते-हँसते विष का बीड़ा खा लोगे, कोई तर्क न करोगे, कुछ न पूछोगे, कि आज यह अचानक, तुम मुझे पान क्यों खिला रही हो, भाभी जी! पर...पर मुझसे यह महापाप न होगा, न होगा, न होगा...

(करुण संगीत की सिहराती ध्वनि)

(दृश्यान्तर)

13

(हरदौल का महल। आधी रात का समय। दासी मालती का प्रवेश।)

दासी : *(चिन्तित स्वर में)* महाराज हरदौल की जय हो!

हरदौल : *(चौंककर)* मालती तुम? ऐसी क्या बात हो गई, जिससे

इतनी रात गए तुम्हें हमारे महल में आना पड़ा? तुम भी जानती हो यह उचित नहीं!

दासी : महाराज, दासी की धृष्टता क्षमा करें...*(रोने लगती है)*

हरदौल : *(विस्मय से भरकर)* मालती, हम तुम्हारे रोने का कारण समझ नहीं पा रहे...कहो क्या बात है?

दासी : *(तनिक संयत होकर)* महाराज, मैं पंखा देने महारानी के पीछे-पीछे शीशमहल गई थी। वहाँ महाराज और महारानी के बीच हो रही बातचीत मैंने सुन ली।

हरदौल : मालती, किसी की बातें छुपकर सुनना अपराध है!

दासी : जानती हूँ महाराज! पर दोनों के बीच की तनातनी ने मुझे ठिठकने पर मजबूर कर दिया।

हरदौल : ऐसी क्या बात थी मालती?

दासी : अपराध क्षमा हो महाराज, बात बड़ी नाजुक है। पेट में नहीं पची सो आपको बताने महल में चली आई।

हरदौल : पहेलियाँ न बुझाओ मालती, जल्दी बताओ, आखिर बात क्या है?

दासी : *(भर्राए कंठ से)* बड़े महाराज को महारानी के प्रेम के प्रति सन्देह उत्पन्न हो गया है। उनका कहना है, आपने प्रेम में उलट-फेर कर दिया है।

हरदौल : *(विस्मित होकर)* क्या कह रही हो मालती?

दासी : महारानी महाराज को विश्वास न दिला सकीं कि आपको वे अपना पुत्र समान मानती हैं। ज्योनार-भरा सोने का थाल अनजाने उन्होंने आपके समक्ष रख दिया था। महाराज से उन्होंने इस भूल के लिए क्षमा भी माँगी, मगर महाराज क्षमा करने के लिए तैयार नहीं। कहा, उन्हें प्रायश्चित्त करना होगा!

हरदौल : प्रायश्चित्त कैसा?

दासी : *(काँपते स्वर में)* आपके प्राण लेने के लिए महारानी को अपने हाथों से आपको विष से भरा पान का बीड़ा खिलाना होगा। चौकी पर रखे पानदान में उन्होंने विष का बीड़ा

बनवाकर रखा हुआ है।

हरदौल : *(चिन्तित स्वर में)* हम तो भैया के रंग-ढंग देखकर ही समझ गए थे, उनके मन में कोई न कोई काँटा खटक रहा है। मालती, हम तुम्हें सावधान करते हैं इन बातों की भनक किसी को न लगने पाए।

दासी : *(रुँधे कंठ से)* महाराज, किसी को भनक लगने से पहले यह दासी अपनी जान दे देगी।

हरदौल : *(गम्भीर स्वर में)* अब तुम जाओ मालती!

दासी : जो आज्ञा महाराज!

(संगीत–करुण लोकधुन)

(दृश्यान्तर)

14

(हरदौल जी का महल, समय–आधी रात)

हरदौल : *(स्वतः)* यह कैसी कठिन परीक्षा की घड़ी आ गई! एक निर्दोष सती नारी के लिए अपने शरीर का खून देने से मुँह मोड़ लूँ! अगर भैया को यह सन्देह होता, मैं उनके खून का प्यासा हूँ, उन्हें मारकर राज्य पर अधिकार जमाना चाहता हूँ, तो कोई हर्ज न था। राज्य के लिए कत्ल और खून, दग़ा और फ़रेब सब उचित समझा गया है। पर उनके इस सन्देह का निपटारा कैसे करूँ? इस भले काम में अधिक आगा-पीछा करना ठीक नहीं। जो भी करना है, तुरन्त करना होगा! भाभी जी पर कोई आँच आये, यह बरदाश्त न होगा।

(संगीत–उदास धुन)

(दृश्यान्तर)

15

(शीशमहल में हरदौल का प्रवेश। भोर की बेला है, चिड़ियों का कलरव सुनाई पड़ रहा है।)

हरदौल : ओह, भैया तो अभी सो रहे हैं?

जुझार सिंह : *(जँभाई भरते हुए)* आ ऽ ऽ ऽ...अरे हरदौल! तुम इतनी सुबह नहा-धोकर अस्त्र-शस्त्र से सुसज्जित होकर, भला कहाँ जा रहे हो?

हरदौल : *(हँसते हुए)* कल आप यहाँ पधारे हैं, इसी खुशी में, मैं आज शिकार खेलने जा रहा हूँ। कल तो बिना शिकार खेले ही लौट आना हुआ। सोचा, कल की कसर क्यों न आज पूरी कर लूँ! भैया, आपको तो ईश्वर ने अजेय बनाया है। मुझे अपने हाथों से विजय का बीड़ा दीजिए ताकि आज मैं शेर का शिकार कर सकूँ!

जुझार सिंह : *(बिस्तर से उठते हुए स्वतः)* दुष्ट मेरे घावों पर नमक छिड़कने आया है! मेरे मान और विश्वास को मिट्टी में मिलाकर भी तेरा जी न भरा? मुझसे विजय का बीड़ा माँगता है? हाँ, यह विष से भरा विजय का बीड़ा है, पर तेरी विजय का नहीं, मेरी विजय का!

हरदौल : *(हँसकर)* क्या सोचने लगे, भैया? दीजिए मुझे पान का बीड़ा!

जुझार सिंह : हाँ...ज़रूर दूँगा। ये लो!

हरदौल : *(बीड़ा मुँऽह में रखते ही, डूबती आवाज़ में)* भ भ भैया ऽ ऽ ऽ प्रणाम भैया ऽ ऽ प्रणाम ऽ ऽ...आह अ अ अ आ ह ऽ ऽ...*(धड़ाम से फ़र्श पर गिरने का स्वर)*

(वाद्य-यन्त्रों की हृदय को सिहरा देनेवाली करुण ध्वनि)

समर-यात्रा

स्थान : नोहरी के कच्चे घर का बाहरी हिस्सा, कोदई का दुआर, गाँव का मैदान, गलियारा

पात्र

कोदई : (65 वर्ष)
नोहरी : जागरूक बूढ़ी। अत्यन्त साहसी (75 वर्ष)
सुरेश बाबू : सत्याग्रही जत्थे के नायक। तेजस्वी (40 वर्ष)
ग्रामीण 1 : (41 वर्ष)
ग्रामीण 2 : (35 वर्ष)
ग्रामीण 3 : (28 वर्ष)
ग्रामीण 4 : (40 वर्ष)
ग्रामीण 5 : (35 वर्ष)
ग्रामीण 6 : (22 वर्ष)
ग्रामीण 7 : (35 वर्ष)
ग्रामीण 8 :
ग्रामीण 9 :
ग्रामीण 10 :
ग्रामीण 11 :
दरोगा : सख़्त (40 वर्ष)
मैकू : उत्साही युवा, कोदई का छोटा बेटा (25 वर्ष)
गंगा : कोदई का बड़ा बेटा (28 वर्ष)
भजन सिंह : पहलवानी करनेवाला (30 वर्ष)
सेवाराम : (32 वर्ष)
घूरे : (35 वर्ष)
काले ख़ाँ : ज़मींदार का कठोर मुनीम (35 वर्ष)

1

(तड़के नोहरी काकी के घर के सामने गाँव के अन्य बुजुर्ग कोदई उन्हें पुकारते हैं)

कोदई : *नोहरी भाभी, अरे ओऽ नोहरी भाभी!*

नोहरी : *(प्रसन्न हो)* कोदई तुम? इतने सबेरे? कैसे भूल पड़े!

कोदई : भाभी, तुम्हें मालूम है गाँव में कौन आ रहा है?

नोहरी : *(उदास हो)* सब मालूम है कोदई, सब मालूम है!

कोदई : अरे क्या मालूम है भाभी! मालूम होता तो ऐसी सुस्ती न छाई होती तुम पर? सुबह से ही सारे गाँव में धूम मची हुई है। सब अपना काम-धाम छोड़ स्वराजियों की बाट जोह रहे हैं।

चलो छोड़ो ये सब बातें, ये बताओ भाभी, धन-सम्पदा से स्वराजियों को कोई सहयोग दोगी? भई, कुछ-न-कुछ चन्दा तो सभी को देना चाहिए और जी भर दे रहे हैं लोग।

नोहरी : *(रुखाई से)* देवर जी, मुझे जो कुछ देना होगा, तुम्हें काहे दूँ? सीधे स्वराजियों को दूँगी।

कोदई : *(हँसते हुए)* रिसा काहे रही हो भाभी! ज़रा हम भी देख लेंगे तो का हर्ज पड़ जाएगा? अरे ऽ, निकालो अपनी वही पुरानी हाँड़ी, हम किसी से कुछ कहेंगे थोड़े ही।

नोहरी : *(तुनककर)* जले पर नमक काहे छिड़कते हो कोदई? भैया, इसी द्वार पर ताँता रहता था। साधू सन्त, जोगी, जती, हकीम, सूबा-सभी डँटे रहते थे। जी-भर सबका स्वागत-सत्कार होता था। अब, *(निःश्वास छोड़)* अब देहरी सूनी पड़ी रहती है। सब दिन बराबर नहीं होते!

कोदई : *(मनौवल करते)* तुम तो हँसी-हँसी में बिगड़ जाती हो भाभी! मैंने तो यही सोचकर तुम्हें छेड़ा, बाद में कहीं तुम यह न कहने लगो, सारी दुनिया को खबर है, मुझसे तो कोदई ने कहा ही नहीं?

नोहरी : स्वराजियों को धन से ज्यादा हमारे-तुम्हारे साथ की अधिक ज़रूरत है कोदई!

कोदई : बात तुमने ठीक कही भाभी! मगर बुढ़ापे में इस लायक रह ही कहाँ गए हैं कि स्वराजियों के संग जगह-जगह अलख जगाते घूमें?

नोहरी : *(उत्साह से)* ऐसा तुम सोचते हो कोदई, मेरा बुढ़ापा तो स्वराजियों के आने की खबर सुनकर ही भाग गया! अरेऽऽ, हम और तुम अभी का बूढ़े होने योग्य थे? हमें तो पेट की आग ने फूँक दिया! ईमान से बोलो, गाँव में इतने घर हैं, किसी घर ने छह महीने से पेट-भर रोटी खाई है? जिस खेत का लगान तीन रुपिया देते थे उसी का अब नौ-दस नहीं दे रहे?

कोदई : गलत नहीं तुम्हारी बात! अँधेर मची है अँधेर!

नोहरी : अँधेर नहीं लूट? धरती धरती है, अन्न उगलेगी, सोना नहीं। धन्य हैं महात्मा जी और उनके चेले जो दीन-दुखियों की पीर समझते हैं। उनके उद्धार का जतन कर रहे हैं।

कोदई : चलता हूँ भाभी! बड़ी तैयारियाँ करनी हैं। तुम बिना बिसरे सत्याग्रहियों के स्वागत-सत्कार में आ जाना।

नोहरी : आ जाऊँगी, आ जाऊँगी! भोजन-पानी की तैयारी सब ठीक चल रही है न!

कोदई : सब प्रबन्ध हो गया है। आटा, दूध, दही, घी, तरकारी सब आ चुका है। गाँव का कोई घर नहीं छूटा भाभी, जिसके यहाँ से कुछ-न-कुछ न आया हो।

(संगीत)

(दृश्यान्तर)

2

(दोपहर का समय! नेपथ्य से वन्दे मारतम्, वन्दे मातरम्, भारत माता की जय, महात्मा गाँधी की जय के नारे सुनाई पड़ते हैं जो खादी धारी जत्थे के निकट आने के साथ शनैः-शनैः स्पष्ट होने लगते हैं)

ग्रामीण 1 : *(उत्साह से)* अरे हरखू, श्यामा, गजेन्द्र, कन्हाई, जल्दी आओ रे सब जल्दी आओ, देखो तो दंगलवाले गलियारे की ओर, वो ऽ देखो, महात्मा जी का जत्था चला आ रहा है?

सब समवेत : दादा रे दादा, कितनी लम्बी कतार है स्वराजियों की!

ग्रामीण 2 : भैया, मुठ्ठी उछाल, उछाल के ये सब का गा रहे हैं?

ग्रामीण 1 : पगलेट है तू एकदम कन्हाई! कान देकर सुनता काहे नहीं?

ग्रामीण 2 : *(कान पर हाथ रख)* सुना!

ग्रामीण 1 : क्या सुना?

ग्रामीण 2 : *(मुठ्ठी उछाल)* हम भी बोलेंगे—'बनदेमातरम्।'

ग्रामीण 1 : 'बनदे नहीं, वन्दे मातरम्'। *(सब हँस पड़ते हैं)*

(तभी लाठी की 'ठक्', 'ठक्' सुनाई पड़ती है)

नोहरी काकी तुम? तुम भी लाठी टेकती हुई चली आईं? बड़ी हिम्मत की काकी!

नोहरी : *(उत्साह से)* काहे नहीं आते भजना, हड्डियाँ बुढ़ा गई हैं तो का हो गया, मन थोड़े ही बुढ़ाया है। हमको तो वो दिन याद आ रहा है, जब हम अपने बुढ़ऊ के संग बीस कोस दूर, महात्मा जी के दर्शन को गए थे। हम को तो हमारे जैसा ही लगा था लँगोटीवाला बाबा! *(कंठ अवरुद्ध हो आता है)*

ग्रामीण 1 : बड़े भागवाली हो नोहरी काकी, जो तुम महात्मा जी के दर्शन कर आई हो। *(सब की ओर उन्मुख होकर)* सब सुनो ध्यान से! जत्था पहुँचने को ही है। हमारा ज़िम्मा शरबत-पानी का है। सब इन्तज़ाम जैसा कहा था, वैसा ही होना चाहिए? कोदई काका रत्ती-भर कोताही बरदाश्त नहीं करेंगे?

ग्रामीण 2 : लोटा, कुल्हड़ सबै तैयार हैं।

(जत्था निकट आने लगता है। उपस्थित जनसमूह में अफ़रा-तफ़री मच जाती है)

नोहरी : *(उमगकर)* सुनो, सुनो रे सब सुनो, हल्ला काहे मचा रहे हो? सत्याग्रही कोई गीत गा रहे! *(गीत के बोल स्पष्ट सुनाई देते हैं–)*

'एक दिन वह था कि हम सारे जहाँ में फ़र्द थे,
एक दिन यह है कि हम-सा बेहया कोई नहीं'
एक दिन वह था कि हम अपनी शान पर देते थे जान,
एक दिन यह है कि हम-सा बेहया कोई नहीं है।'

(संगीत–देशप्रेम की–धुन)

(दृश्यान्तर)

3

(कोदई के घर के दरवाज़े पर मशालों की रोशनी में स्वराजियों की सभा हो रही है)

सुरेश बाबू : *(ओजस्वी स्वर में)* प्यारे भाइयो, कोदई बाबू की प्रेरणा से, आप सब ग्रामवासियों ने जिस एकजुट भाव से हम सत्याग्रहियों का स्वागत-सत्कार किया है, हम आपके सम्मान से अभिभूत हैं।

सच कहें तो, दोपहर के भोजन से ज्यादा जिस बात ने भाइयो, हमें आकंठ तृप्त किया है, वह है, स्वराजियों के प्रति आपका हार्दिक उत्साह! हमें क़तई कल्पना नहीं थी। दिन-भर के थके-माँदे आप, इस रात्रि-सभा में भी उतने ही उत्साह से एकत्र होंगे, जितने उत्साह से सुबह एकत्र हुए थे।

हमें ज्ञात है, इस रात्रि-सभा के लिए प्रत्येक घर से मशाल प्रज्वलित की गई है। हमें विश्वास है, उसे बुझाने की ताक़त फिरंगियों में नहीं है।

(महात्मा जी की जय, 'भारत माता की जय, हमारे नायक सुरेश बाबू की जय')

मगर भाइयो, मुझे हार्दिक दुख है। मैंने आप लोगों जैसा सहनशील और अपनी दयनीय दशा पर सन्तोष रखनेवाला प्राणी—अन्य कहीं नहीं देखा।

बुरा न मानिएगा, दरअसल आपका यही सीधापन आपके लिए घातक सिद्ध हो रहा है। आप लोग इस संसार में रहने के योग्य नहीं है। आपको तो स्वर्ग में स्थान पाना चाहिए था।

ग्रामीण 3 : *(क्षुब्ध स्वर में)* हमें बताइए नेताजी, हम किस लायक़ हैं!

सुरेश बाबू : अन्याय को बरदाश्त करना बन्द कर दीजिए! सोचिए, सोचिए आपके साथ क्या हो रहा है? बरसाती नाले की भाँति खेतों का लगान बढ़ता जा रहा है! और आप चूँ नहीं करते? अमले और अहलकार आपको नोंचते रहते हैं, आप ज़बान नहीं खोलते? आपके हाथों से सभी रोज़गार छिनते जा रहे हैं, आप ख़ामोश हैं? पहले लाखों भाई सूत कातकर, कपड़े बुनकर अपनी गुज़र करते थे। अब सारा कपड़ा विदेशों से आता है। पहले लाखों आदमी यहाँ नमक बनाते थे, अब नमक बाहर से आता है। नमक बनाना जुर्म है—क्यों? आपकी ऊसर ज़मीनों और विशाल झीलों में नमक भरा हुआ है। आपके देश में इतना नमक है कि आप, पूरे संसार को दो सौ सालों तक नमक खिला सकते हैं। मगर आप सात करोड़ रुपये नमक के लिए देते हैं।

ग्रामीण 4 : इसके लिए हम क्या कर सकते हैं, नेताजी, हम निरुपाय हैं!

सुरेश बाबू : *(आवेश से)* गलत। न आप कमज़ोर हैं, न निरुपाय। आपको अपनी शक्ति का ज्ञान ही नहीं है। न अपने अधिकारों का। यह समझ लीजिए, संसार में जो आदमी स्वयं की रक्षा नहीं कर सकता, वही स्वार्थी और अन्यायियों का शिकार बनता है।

भाइयो, आज संसार का सबसे बड़ा आदमी आपके लिए अपने प्राणों की बाज़ी लगाए बैठा है। उस महात्मा के पीछे

खड़े देश के हज़ारों, हज़ारों जवान, अपने प्राण हथेली पर लिए आपके दुखों का अन्त करने के लिए, संघर्ष कर रहे हैं... अपनी ताक़त को पहचानिए। निर्णय कीजिए। आप अन्याय का प्रतिकार करेंगे, या कायरों की भाँति केवल अपनी तक़दीर को कोसतें बैठे रहेंगे?

(अनेक ग्रामीण समवेत स्वर में मुट्ठियाँ तान–इस अन्याय का प्रतिकार करेंगे सुरेश बाबू! अब हम अन्याय नहीं सहेंगे)

सुरेश बाबू : *(प्रसन्न स्वर में)* तो फिर आइए हमारे साथ! हमें ऐसे वीरों की ज़रूरत है, जो हिंसा और क्रोध को हृदय से निकाल ईश्वर पर अटल विश्वास रखते हुए धर्म के लिए सब कुछ झेल सकें!

भाइयो, हम न्याय और सत्य के लिए लड़ रहे हैं। इसलिए, हमें न्याय और सत्य के हथियारों से ही लड़ना है। बोलिए, आप सत्याग्रहियों की क्या मदद कर सकते हैं?

जनसमूह : हम आपके साथ हैं!

सुरेश बाबू : तो बोलिए मेरे साथ–'वन्दे मातरम्'।

जनसमूह : *(समवेत)* 'वन्दे मातरम्'

सुरेश बाबू : भारत माता की...

जनसमूह : *(समवेत)* जय!

सुरेश बाबू : भारत माता की...

जनसमूह : *(समवेत)* जय!

(संगीत–देशप्रेम की धुन)

(दृश्यान्तर)

4

(सहसा घोड़े की टापों का स्वर गूँजता है। संग कुछ दौड़ती पदचापें। सभा में भगदड़ मच जाती है! पीछे से लोग चिल्लाते हैं–'भागो, भागो, पुलिस आ गई!'–स्वराजियों को नहीं छोड़ेंगे।'–'गाँववालों की भी खैर नहीं।' भागो ऽऽऽऽ...)

सुरेश बाबू : भाइयो, बैठे रहिए, कायरों की तरह व्यवहार मत कीजिए। सामना कीजिए!

(घोड़े की टाप ठहर जाती है)

दरोगा : *(कड़कते हुए)* सिपाहियो, मार कर भगा दो इन बदमाशों को। गाँव में सभा करने आए हैं या गाँववालों को भड़काने? क्यों रे कोदइया, तूने इन बदमाशों को गाँव में ठहराया है?

कोदई : *(खून का खूँट पीते हुए स्वतः)* गृहस्थी का बखेड़ा न होता मेरे सिर पर तो दरोगा को मुँहतोड़ जवाब देता।

दरोगा : *(व्यंग्य से)* गूँगा क्यों बना हुआ है—ज़बान नहीं मुँह में?

नोहरी : *(खड़ी होकर)* लाल पगड़ी बाँधकर तुम्हारी जीभ बड़ी ऐंठ रही दरोगा साहब? कोदइया क्या तुम्हारा गुलाम है जो कोदइया, कोदइया की रट लगा रखी है? हमारा पैसा खाते हो और हमीं को आँखें दिखाते हो? लाज नहीं आती?

दरोगा : ऐ ऽऽ बुढ़िया, औरतों के मुँह लगना मैं अपनी शान के ख़िलाफ़ समझता हूँ वरना दिखा देता...

नोहरी : *(निडर भाव से)* का दिखा देते, दिखाओ ना!

दरोगा : *(गरजकर)* यह कौन शैतान की ख़ाला है कोदई? ख़ुदा का ख़ौफ न होता तो इसकी ज़बान तालू से खींच लेता।

नोहरी : *(ज़मीन पर लाठी हुमक)* ख़ुदा की दुहाई देकर काहे ख़ुदा को बदनाम करते हो दरोगा? तुम्हारे ख़ुदा तो गोरी चमड़ी वाले हैं...तुम्हारे हाकिम! रात-दिन तुम जिनकी जूतियाँ चाटते हो। थूह, डूब मरो जाकर चुल्लू-भर पानी में।

सिपाही : ऐ बुढ़िया ऽऽ

नोहरी : तू चुप कर सिपहिया! जानता है यह कौन लोग हैं जो यहाँ आए हैं? ये वो लोग हैं जो देश के लिए अपनी जान तक न्यौछावर करने को तैयार हैं। तुम इन्हें बदमाश कहते हो?

(तितर-बितर हुए गाँववाले नोहरी का साहस देख स्वयं को धिक्कारते पुनः लौट आते हैं—ग्रामीण 5: 'दादा रे दादा, काकी को देखो, रणचण्डी

बनी दरोगा को कैइसे जवाब दे रही हैं?'–ग्रामीण 6. 'अऊर एक हम लोग हैं रे बुधना, कोड़े के डर से भाग लिए?' चलो-चलो, सब चल कर बैठो।)

दरोगा : *(क्रोध से)* तुम लोग फिर लौट आए भीड़ लगाने? भागो यहाँ से, वरना एक-एक की खाल उधेड़ कर रख दूँगा!
सुना नहीं, मैं क्या कह रहा हूँ?
नहीं सुन रहे तो लो, *(हवा में हंटर लहराकर)* अब सुनोगे!

('सड़ाक', 'सड़ाक', 'सड़ाक' बेरहमी से हंटर चलाने की आवाज़ पुनः तितर-बितर होते लोगों की चीख़-पुकार। तभी एक हंटर बूढ़ी नोहरी पर पड़ता है। नोहरी आह भरती ज़मीन पर औंधी हो जाती)।

नोहरी : *(आह भरती हुई)* आह ऽऽऽऽ मार डाला कसाइयों ने! अपनों पर कोड़े बरसा रहे कसाई! *(भागते हुए गाँववालों को सम्बोधित करते हुए)* अरे ऽऽ ओ लड़को, कोड़े खाकर भाग लिए तुम, डर गए? काहे मुँह छिपा कर भागते हो? न्यौता खाने आए थे यहाँ या नाच-तमाशा देखने? तुम्हारे इसी लेंडीपने ने इन सब को शेर बना रखा है!

सिपाही 2 : *(नोहरी की गर्दन पकड़कर)* चल उठ बुढ़िया, निकल यहाँ से?

नोहरी : उठ रही हूँ, उठ रही हूँ, कोड़ा कमर ने खाया है, टाँग नहीं टूटी मेरी। पर तू मेरी गर्दन छोड़, छोड़ गर्दन?

(धम्म से लड़खड़ा कर गिर जाती है)

कोदई : *(लपककर)* सँभलो भाभी, सँभलो! चोट तो नहीं आई? *(सिपाही से उन्मुख होकर)* क्यों सिपाही भैया, बूढ़ी पर गुस्सा दिखाते हो? गुलामी ने क्या तुम्हें नामर्द बना दिया है, जो निहत्थों और बूढ़ों पर वार करते नहीं झिझकते?

नोहरी : *(कराहते हुए)* किससे उलझ रहा रे कोदई? ये मर्द होते ऽऽ तो, गुलाम क्यों होते?
अंग्रेज़ इतनी बेदर्दी करें तो एक बात है। उनका राज है। तू तो उनका चाकर है सिपहिया, तुझे तो राजपाट न हासिल होगा!

ला कोदई मेरी लाठी पकड़ा! हाँअ, अब ठीक हूँ। अरे वही निहाद है इनकी सुरेश बाबू–'राड़ माड़ में खुश!

(दरोगा सत्याग्रहियों के नेता सुरेश बाबू की ओर उन्मुख हो)

दरोगा : तो आप हैं सुरेश बाबू? जत्थे के नेता? किस के हुक्म से इस गाँव में आए हो?

सुरेश बाबू : ख़ुदा के हुक्म से!

दरोगा : तुम जानते हो, तुम रिआया के अमन में ख़लल डाल रहे हो?

सुरेश बाबू : *(निर्भीक स्वर में)* उन्हें उनकी हालत बताना उनके अमन में ख़लल डालना है तो बेशक हम उनके अमन में ख़लल डाल रहे हैं।

(गाँववाले आपस में खुसपुसाते हैं–ग्रामीण 7. 'नेताजी गलत नहीं कह रहे। हमारे लिए लड़ रहे भैया!'– ग्रामीण 8. 'नौहरी काकी तक हंटर खाकर डँटी हुईं हैं तो हम काहे पीठ दिखा रहे? चलो-चलो, जो होगा झेलेंगे। अब न पीठ दिखाएँगे।')

कोदई : *(पीड़ा से)* भाइयो, इस बख्त पूरे जवार के आदमी यहाँ जमा हैं। दरोगा जी ने जैसी हमारी बेआबरूई की है, उसे सहकर क्या तुम अपने घरों में चैन की नींद सो सकते हो? यही है हमारी इज़्ज़त? यही है आबरू?

थूह, ऐसी ज़िन्दगानी पर! आज अगर हम मार डाले जाएँ, तो भी कुछ न होगा। हाकिम-सूबा क्या हमारी फरियाद सुनेंगे? कभी नहीं भाइयो, कभी नहीं।

(जनसमूह–कोदई काका ज़िन्दाबाद! कोदई काका ज़िन्दाबाद!)

दरोगा : *(गरजकर)* सिपाहियो, गिरफ्तार कर लो कोदई को? इसे भी नेता बनने की छूत लग गई है! *(बेड़ियों की खनक)*

कोदई : घबराते काहे हो दरोगा साहब? बेड़ियों की ज़रूरत नहीं, मैं कहीं भागूँगा नहीं। ले चलो जहाँ ले चलते हो।

(अपने बेटों, गंगा और मैकू के पास ठिठककर)

हाँ, तनिक अपने बेटों, मैकू और गंगा से बात कर लूँ।

दरोगा : *(क्रूरता से)* किसी से कोई बात नहीं कर सकते। ले चलो सिपाहियो!

गंगा : *(क्षुब्ध स्वर में)* देख रहे हो मैकू, सिपाही दादा को पकड़कर ले जा रहे हैं?

मैकू : देख रहा हूँ गंगा भैया! मगर हम उन्हें ले जाने नहीं देंगे।

(गाँववालों को सम्बोधित कर)

(ऊँचे स्वर में) गाँववालो, सिपाही हमारे दादा को गिरफ्तार कर ले जा रहे हैं और आप चुपचाप खड़े देख रहे हैं?

(गाँववाले उत्तेजित हो उठते हैं–ग्रामीण 5. छीन लो भैया कोदई काका को सिपाहियों से?' (कई स्वर) ग्रामीण 6. घेर लो दरोगा को! ग्रामीण 7. हाँ-हाँ, घेर लो दरोगा को, यहाँ से बच कर न जाने पाए! ग्रामीण 8. कैसे जाएगा, देखते हैं।')

दरोगा : *(चिल्लाकर)* खबरदार, जो कोई आगे बढ़ा! हट जाओ यहाँ से, पुलिस को अपना काम करने दो, वरना मैं फायर कर दूँगा।

सुरेश बाबू, गाँववाले फ़साद करने पर आमादा हैं। रोकिए इन्हें। इसका नतीजा अच्छा नहीं होगा?

सुरेश बाबू : *(संयम से)* घबराए नहीं दरोगा साहब! जब तक हमसे में एक भी आदमी यहाँ रहेगा, आप पर कोई हाथ न उठा सकेगा। आपसे हमारी कोई दुश्मनी नहीं। हम और आप, दोनों एक ही पैरों तले दबे हुए हैं। यह हमारी बदनसीबी है कि आप हमसे अलग खड़े हुए हैं! *(गाँववालों से उन्मुख होकर)* भाइयो, मैं आपसे पहले ही कह चुका हूँ, हम न्याय और धर्म की लड़ाई लड़ रहे हैं। ये तो हमारे ही भाई हैं? हमें अपने भाइयों से नहीं लड़ना। बल्कि, दरोगा जी की जगह अगर कोई अंग्रेज़ होता, तो भी हम उसकी इतनी ही रक्षा करते। हमारा मार्ग, हिंसा का मार्ग नहीं है।

दरोगा जी ने कोदई चौधरी को गिरफ्तार किया है। इसे मैं

कोदई जी का सौभाग्य समझता हूँ। धन्य हैं वे लोग, जो आज़ादी की लड़ाई में सज़ा पाते हैं।
आप लोग हट जाएँ और पुलिस को जाने दें।

(घोड़े की टापों की ध्वनि। सिपाही कोदई को लेकर रवाना होते हैं)

जनसमूह : भारत माता की जय! भारत माता की जय!

कोदई : *(चलते हुए)* राम-राम भाइयो राम-राम! डटे रहना मैदान में। घबराने की कोई बात नहीं। भगवान सबका रखवाला है।

गंगा : *(अवरुद्ध कंठ से)* हमें क्या कहे जाते हो दादा!

मैकू : *(अवरुद्ध कंठ से)* कुछ तो कहो दादा!

कोदई : भगवान पर भरोसा मत छोड़ना और वह करना, जो मरदों को करना चाहिए। सत्य की कभी हार नहीं होती।

(जनसमूह जय-जयकार करता है। घोड़े की टाप दूर होती जाती है)
(संगीत–कोई देशप्रेम की ध्वनि)

(दृश्यान्तर)

5

(गाँव का मैदान–ग्रामीण उदास बैठे हुए हैं)

ग्रामीण 1 : कितनी शरम की बात है, हमारे सामने ही कोदई काका को पुलिस पकड़ ले गई।

ग्रामीण 2 : लानत है ऐसे जीवन पर!

ग्रामीण 3 : नेताजी ने हमें कुछ करने ही नहीं दिया?

ग्रामीण 4 : दूसरे गाँववालों को अब हम क्या मुँह दिखाएँगे?

नोहरी : क्यों, आप सब जने खड़े पछता रहे हो? देख ली अपनी दुर्दशा? कि अभी कुछ कसर बाकी है? आज तुमने देख लिया न, हमारे ऊपर कानून से नहीं, लाठी से राज हो रहा है? हम इतने स्वार्थी और कायर न होते बच्चा, तो उनकी मजाल थी। हमें कोड़ों से पीटते?
कब तलक इस तरह से मार खाते रहोगे? मुरदों की तरह पड़े अपने को गिद्धों से नुचवाते रहोगे?

अरे ऽऽ, अब तो दिखा दो, तुम तो जीते-जागते हो। अपनी इज़्ज़त-आबरू का तुम्हें भी ख्याल है?

सुन रहे हो सेवाराम, भजना, घूरे? एक दिन खाट पर पड़े-पड़े मर जाओगे। काहे नहीं धरम की लड़ाई में आकर वीरों की तरह मरते?

मैं तो बूढ़ी हो गईं हूँ बच्चा! *(कंठ भर आता है)*

लेकिन इनके साथ ज़रूर जाऊँगी। जहाँ ये स्वराजी सोएँगे, वहाँ झाड़ू लगा दूँगी। गर्मी लगेगी इन्हें, तो आँचल से पंखा झल दूँगी...

मैकू : *(भावुक होकर)* हमारे जीते-जी, तुम स्वराजियों के साथ जाओगी काकी? हमें धिक्कार है! मैं जाऊँगा काकी! रही खेती-बारी तो उसे गंगा भैया सँभाल लेंगे।

गंगा : मेरे रहते तुम नहीं जा सकते मैकू! तुम घर रहोगे। गृहस्थी सँभली रहेगी।

मैकू : चलो, इसका फ़ैसला काकी पर छोड़ देते हैं भैया!

नोहरी : *(इठलाकर)* हाँअ, मैं तो उसी को जिताऊँगी जो मुझे घूस देगा।

मैकू : तुम्हारी कचहरी में घूस चलेगी, काकी?

नोहरी : चलेगी, अरे मरती दाईं कुछ तो कमा लूँ!

गंगा : *(हँसकर)* अबकी बाज़ार जाऊँगा तो तुम्हारे लिए बढ़िया पुर्बिया तम्बाकू लाऊँगा काकी!

नोहरी : तो, बस, जीत तेरी हुई गंगा! तू ही जाना जत्थे के संग।

(लोगों में सुगबुग–नेताजी आ गए।–ग्रामीण 8. कहीं किसी से मिलने गए हुए थे। –ग्रामीण 5. हटो, हटो, उन्हें रास्ता दो')

सुरेश बाबू : *(हँसते हुए)* क्यों नोहरी काकी, किसको भेज रही हो जत्थे के साथ?

नोहरी : गंगा का नाम लिख लो सुरेश बाबू, वह जा रहा है आप लोगों के साथ। कोदई का बड़ा बेटा है!

सुरेश बाबू : बस एक ही नाम लिख लूँ काकी?

नोहरी : सुन रहे हो तुम लोग? का कह रहे हैं नेताजी?

सेवाराम : *(आगे आकर)* मेरा नाम भी लिख लो नेताजी—सेवाराम।

भजन सिंह : मेरा नाम भी लिख लीजिए—भजन सिंह!

घूरे लाल : पहलवान भजना जा रहा है तो मैं भी जाऊँगा, मैं क्यों पीछे रहूँगा? मेरा नाम भी लिख लीजिए सुरेश बाबू—घूरे लाल।

काले ख़ाँ : *(कड़क स्वर में)* मेरा नाम भी लिखिए नेताजी—कालू ख़ाँ।

(कई ग्रामीण विस्मय से) ग्रामीण 7. 'काले खाँ?' 'काले खाँ भी जाएगा सत्याग्रहियों के साथ?'—ग्रामीण 8. 'नौटंकी कर रहा है।' यह जाएगा तो सत्याग्रहियों पर दादागिरी करेगा, और उन्हें लूट खाएगा?

मैकू : *(व्यंग्य से)* क्यूँ काले खाँ, जिमींदार ने क्या तुम्हें मुनीमी से निकाल दिया? या, हम लोगों को लूट-पाट कर तुम्हारा जी भर गया?

काले ख़ाँ : *(विनीत होकर)* सद्‌बुद्धि आई है तो हमें रास्ते पर न आने दोगे मैकू भैया?

अब तक जिसका नमक खाता था, उसका हुक्म बजाता था। तुम लोगों को लूट-लूट कर उसका घर भरता था। अब मालूम हुआ, मैं भारी मुग़ालते में जी रहा था। तुम सब को मैंने बहुत सताया है! मुझे माफ़ कर दो!

नोहरी : बेटा! सुबह का भूला साँझ को घर लौट आए तो भूला नहीं कहलाता।

भजन सिंह : आओ काले खाँ, गिले-शिकवे भूल हम पाँचों गले मिल लें।

सेवाराम : स्वराजियों में नाम लिखाते ही लग रहा है, सारा भय दूर हो गया। लगता है जैसे हमें स्वराज मिल गया हो!

सुरेश बाबू : आप ठीक कह रहे हैं सेवाराम, ज्यों ही पराधीनता का आतंक दिल से निकल जाता है—स्वराज्य मिल जाता है। भय ही पराधीनता है, निर्भयता—स्वराज्य।

सत्याग्रहियों का जत्था : भारत माता की—

जनसमूह : जय!

सत्याग्रहियों का जत्था : भारत माता की–

जनसमूह : जय!

सुरेश बाबू : मित्रो, आज आप भी आज़ादी के सिपाहियों में आ मिले। इस पर मैं आपको बधाई देता हूँ। आपको मालूम है मित्रो, हम किस तरह की लड़ाई लड़ने जा रहे हैं? हम धर्म-संग्राम में जा रहे हैं। आपके ऊपर तरह-तरह की सख्तियाँ होंगी। मगर याद रखिए, जिस तरह आपने लोभ और मोह को त्याग दिया है–क्रोध और हिंसा को भी त्याग दीजिए।
हमें धर्म और सत्य के मार्ग पर डटे रहना होगा। इसके लिए आप तैयार हैं?

पाँचों समवेत : हम तैयार हैं।

सुरेश बाबू : ईश्वर आपकी मदद करे!
: एक और बात भाइयो, आज की रात हमारा जत्था इसी गाँव में ठहरेगा, कल सुबह हम ललितपुर के लिए रवाना होंगे।

(संगीत–देशप्रेम की कोई धुन)

(दृश्यान्तर)

6

(तड़के सैकड़ों लोगों का कोलाहल। सभी सत्याग्रहियों के जत्थे को विदा देने आए हैं।)

ग्रामीण 6 : अरे ऽ दादा रे दादा, इतनी सुबह स्वराजियों को विदा करने सैकड़ों लोगों की भीड़ आ जुटी, रामदीन?

ग्रामीण 8 : कोई खाली हाथ नहीं आ रहा, चना, चबैना, सत्तू–जो जिससे बन पड़ा, लिए चला आ रहा है!

ग्रामीण 7 : उधर देखो तो रामदीन भैया, वो देखो, *(कंठ आर्द्र हो आता है)* घूरे के मरणासन्न बापू लाठी टेकते उसे विदाई देने आए हैं! आँसू पोंछते हुए आशीष दे रहे घूरे को!

ग्रामीण 9 : आँसू तो निकलेंगे, मुख में अग्नि देनेवाला जवान पूत जो

देश के लिए कुर्बान होने जा रहा? पर, ये खुशी के आँसू हैं! ये भी तो देखो कैसे हँस-हँस के गले मिल रहे दोनों!

ग्रामीण 10 : काले खाँ नज़र नहीं आ रहा जत्थे में? कहीं इरादा तो नहीं बदल गया उस जल्लाद का?

ग्रामीण 8 : अपनी आँखों का इलाज करवाओ दातादीन! तुम्हें तो दिनौंधी हो रही!

ग्रामीण 10 : *(तुनककर)* अब तो रातौंधी भी ठीक हो गई मेरी—सब दिखता है रात में! काले खाँ दिख नहीं रहा, तभी तो पूछ रहा हूँ, रामदीन भैया?

ग्रामीण 1 : स्वराजियों की दूसरी पाँत पे गौर करो जुम्मन! सीना ताने, खादी झक्क् सफेद कुर्ता पहने, हाथ में तिरंगा लिए, भला कौन खड़ा है?

ग्रामीण 4 : हाँआ ऽ ऽ ऽ काले खाँ ही तो है! पहचान ही नहीं पाया मैं। पहचानता कैसे, बाना ही बदल लिया है उसने तो?

ग्रामीण 1 : बाना ही नहीं बदला काले खाँ का, दिल भी बदल गया है। सुनो, सुनो! अब चुप हो जाओ सब, नेताजी कुछ कह रहे हैं?

(नेताजी उपस्थित जनसमूह को सम्बोधित करते हैं)

सुरेश बाबू : मित्रो, अब हमारे जत्थे के विदा होने का समय आ गया! हमें आज्ञा दीजिए...

(तभी तेज़ी से आती लाठी की ठक्, ठक्, सुनाई देती है)

नोहरी : *(हाँफती-काँपती आवाज़ में)* रुकिए नेता जी, रुकिए!

गंगा : *(चहककर)* इतनी सुबह तुम भी हमें विदा करने आ गईं काकी! हमें आशीर्वाद दो काकी!

नोहरी : चल हट! मैं तुम लोगों को विदा करने नहीं आई गंगा! तुम लोगों के साथ चलने आई हूँ। और कितना आशीर्वाद लेगा रे?

(जनसमूह में सुग-बुग—'काकी, पगला गईं है का?' 'चार कदम तो बिना लाठी के चल नहीं सकतीं, सत्याग्रहियों के संग जाएँगी?')

मैकू : काकी, दादा भी गए, गंगा भैया जा रहे, तुम भी चली जाओगी

तो हम गाँव में बहुत अकेले हो जाएँगे!

समवेत स्वर : मैकू ठीक कह रहा काकी! कोई तो बुज़ुर्ग हमारे सिर पर रहे!

नोहरी : *(स्नेह से)* मैकू, अमृतफल तो खाकर आई नहीं बेटा! जाने के तो अब दिन ही ठहरे! आज न जाऊँगी, दो-चार महीने बाद जाऊँगी। अभी चली गई बेटा, तो जीवन सफल हो जाएगा। दो-चार महीने में खाट पर पड़े-पड़े जाऊँगी, तो मन की आस मन ही में रह जाएगी। यह चोला किसी काम न आया!

एक ही साध है, भगवान करे, तुम लोगों के सुदिन जल्दी ही लौटें। तुम्हारा सुख जाते-जाते तो देख लूँ! नेताजी ओ नेताजी, अब मेरा नाम भी गंगा, भजना, सेवा, घूरे, काले के साथ लिख लीजिए—मेरा नाम, नोहरी है! नोहरी!

(जनसमूह—भारत माता की—जय! भारत माता की—जय', 'भारत माता की—जय!' वन्दे मातरम् का गीत बज उठता है)

❑